案例式

海商法

林洲富 │著

五南圖書出版公司 印行

自 序

PREFACE

　　海商法係以海上企業為規範對象之商事法，其為海上企業特有之法律，以規定船舶在海上航行，或在與海相通水面或水中航行所生私法上權利義務關係為主。海商法為商事法之一環，其為民事特別法，作者試以案例之方式，說明與分析海商法之原理原則，將海商法理論轉化成實用之學科，俾於有志研習者易於瞭解，期能增進學習效率。準此，茲將拙著定名為「海商法──案例式」。若本書有疏漏與不足處，敬祈各界賢達不吝指正。

林洲富 謹識
2021年10月11日於智慧財產及商業法院

目錄
CONTENTS

第一章

通 則

關鍵詞：船舶、人法、物法、行為法、海上航行、海上企業、限制責任、民事特別事件

　　研讀海商法通則，在於明瞭海商法之定義、海商法之特性及適用範圍。為使實務與理論相互應證，本章以2則案例分析海商法適用之範圍。

第一節　海商法之定義

案例1

> 　　甲所有10噸重之私人用遊艇於日月潭（Sun Moon Lake）發生火災，導致遊艇上之乘客受傷及財物損失。試問甲主張海商法船舶所有人之限制責任，是否有理？

壹、民事特別事件

　　海商法係以海上企業為規範對象之商事法（commercial law），其為海上企業特有之法律，以規定船舶在海上航行，或在與海相通水面或水中航行所生私法上（private law）權利義務關係為主，包含海上企業組織、海上企業活動、海上企業風險、海上保險及海商民事事件（海商法第1條）。準此，海商事件為海上商事事件與民事特別事件，依本法規定，本法無規定者，適用民法或其他法律規定（海商法第5條）[1]。例如，海商法之海上保險無規定時，應適用保險法之規定（海商法第126條）。

貳、案例1解析——海商法適用之範圍

　　海商法係以規範船舶在海上航行，或在與海相通水面或水中航行所生私法上之權利義務關係為主（海商法第1條、第3條）[2]。如案例1所

---

[1] 最高法院77年度台上字第1866號民事判決。
[2] 海商法第3條規定：下列船舶除因碰撞外，不適用海商法之規定：1.船舶法所稱之小船；2.軍事建制之艦艇；3.專用於公務之船舶；4.第1條規定以外之其他船舶。

示，甲所有10噸重之私人用遊艇於日月潭上發生火災，因日月潭未與海洋相通，其屬內陸湖泊，10噸重之私人用遊艇為船舶法之小船[3]。準此，甲不得主張海商法船舶所有人之限制責任，甲之責任應適用民法侵權行為之法律關係，倘有故意或過失者，應負無限責任。

第二節　海商法之特性

　　甲海運股份有限公司與乙海運股份有限公司在臺北市成立買賣書面契約，乙公司以新臺幣10億元購買甲公司所有成功海運貨櫃船，甲公司該貨櫃船所有權讓與乙公司，並將該貨櫃船交付乙公司占有，乙公司應於交船後10日內交付買賣價金。試問乙公司不依約給付該買賣價金，甲公司應如何主張權利？

壹、人法之特性

　　所謂人法之特性，係指對「船舶所有人」設有限制責任之規定，而與一般所有人之責任不同（海商法第21條）。海商法對「船舶經理人」與民法經理人之規定，亦有不同處（海商法第17條至第20條）。

貳、物法之特性

　　所謂物法之特性，係指海商法之船舶所有權移轉，不同於民法上之動產或不動產之移轉（海商法第8條至第9條）。「船舶抵押權」亦與一般抵押權相異，海商法有其獨特之海事優先權制度（海商法第25條）。船舶關於左列權利之保存、設定、移轉、變更、限制、處分或消滅，均應登記：一、所有權；二、抵押權；三、租賃權（船舶登記法第3條）。船舶應行登記之事項，非經登記，不得對抗第三人（船舶登記法

---

[3] 船舶法第3條第8款規定：小船者係指總頓位未滿50之非動力船舶，或總頓位未滿20之動力船舶。

第4條）。例如，初次申請登記所有權者，應依船舶法第15條規定，取具船舶噸位證書、船舶檢查證書或有效之國際公約證書，暨經交通部認可之驗船機構所發船級證書，連同申請書一併附送[4]；其在本國建造之船舶，如設有抵押權者，應取具船舶建造地航政機關所給之登記抵押權證明文件，連同申請書一併附送（船舶登記法第34條）。

參、行為法之特性

所謂行為法之特性，係指海商法之海上運送契約與民法上之運送契約有別。海商法之載貨證券亦與民法之提單不同（海商法第38條至第91條）。而船舶碰撞、海難救助、共同海損等法律關係，雖具有侵權行為、無因管理之性質，惟海商法有特殊規定，應優先適用（海商法第94條至第125條）。

肆、案例2解析──船舶所有權之取得

船舶所有權或應有部分之讓與，非作成書面並依下列之規定，不生效力：一、在中華民國，應申請讓與地或船舶所在地航政主管機關蓋印證明；二、在外國，應申請中華民國駐外使領館、代表處或其他外交部授權機構蓋印證明（海商法第8條）。如案例2所示，甲公司雖與乙公司在臺北市成立買賣書面契約，乙公司以新臺幣10億元購買甲公司所有成功海運貨櫃船，並將該貨櫃船交付乙公司占有。然該貨櫃船並未聲請讓與地或船舶所在地之港務局蓋印證明，該船舶所有權之讓與，不生效力[5]。準此，甲公司得以船舶所有權人之地位，向乙公司行使物上請求權，請求返還該貨櫃船。

---

[4] 船舶登記法第14條規定：登記權利人不止一人時，申請書內應載明各人應有部分。

[5] 最高法院78年度台上字第496號民事判決：船舶在中華民國境內讓與，非經作成書面，並聲請讓與地或船舶所在地航政主管機關蓋印證明者，不生效力，為海商法第8條第1款所明定。所謂航政主管機關，係指各地港務局而言。

習　題

一、試問海商法與民法之關係。

　　提示：海商法第5條。

二、駕舟於澄清湖上，發生船舶碰撞，應適用民法或海商法？

　　提示：海商法第1條、第3條。

三、試問海商法之特性為何？

　　提示：人法、物法及行為法之特性。

第二章

海上企業組織

關鍵詞：委任、人格性、不動產性、動力船舶、限制責任、僱傭
契約、生效要件、對抗要件

本章海上企業組織之研讀重點，在於明瞭海上商業原理、企業組織、企業活動、企業風險及其保險。本章為使實務與理論相互應證，計有5則案例，分析法律之原則及適用。

第一節　船　舶

案例1

> 　　甲為總噸位未滿20噸之動力海上漁船之船員，其受僱於A漁業公司。試問甲本於僱傭契約所生之債權，對A漁業公司主張海商法第24條第1項第1款之優先受償權，有無理由？

壹、船舶之定義

一、廣義之船舶

　　廣義之船舶者，係指具有「航行設備」之建造物，即水面或水中供航行之船舶。詳言之，船舶係指裝載人員或貨物在水面或水中且可移動之水上載具，包含客船、貨船、漁船、特種用途船、遊艇及小船（船舶法第3條第1款）。職是，無航行設備之水上漂流物，並無航行能力，即非船舶。

二、狹義之船舶

（一）海商法之船舶

　　狹義之船舶者，係專指海商法上（maritime law）之船舶，即在海上航行，或在與海相通水面或水中航行之船舶（海商法第1條）。再者，下列船舶除因碰撞外，不適用海商法之規定：1.船舶法所稱之小船[1]；2.軍事建制之艦艇；3.專用於公務之船舶；4.第1條規定以外之其他船舶（海商法第3條）。所謂公務者，係指國家之公共事務。所謂專

---

[1] 最高法院107年度台上字第1458號民事判決。

用於公務之船舶者，係指獨爲公務之用，除執行公務之外不作其他用途之船舶，其使用之目的在執行國家公共事務，行使國家之管轄權。專用於公務之船舶，不以船舶所有權歸屬爲區別之標準，應以其用途是否爲公務區分，故專用者不包括兼用在內。準此，公務船舶兼營私法上之業務者，不能稱爲專用於公務之船舶，仍有海商法之適用[2]。

（二）船舶法之小船

所謂小船者，係指總噸位未滿50之非動力船舶，或總噸位未滿20之動力船舶（船舶法第3條第8款）。所謂動力船舶，係指裝有機械用以航行之船舶。例如，漁船之總噸數僅有5噸，依海商法第3條第1款規定，即不得認係海商法上之船舶，而應視爲民法上之動產。其權利之取得，不以作成書面，並經主管官署蓋章證明爲要件[3]。

貳、船舶之特性

一、人格性

船舶類似自然人（natural person），有名稱（name）、國籍（nationality）及船籍港（port of registry）。詳言之：（一）稱中華民國船舶，謂依中華民國法律，經航政機關核准註冊登記之船舶（船舶法第5條第1項）。非中華民國船舶，不得懸掛中華民國國旗（船舶法第6條本文）；中華民國船舶，不得懸掛非中華民國國旗（船舶法第7條本文）。船舶合於下列規定之一者，得申請登記爲中華民國船舶：1.中華民國政府所有；2.中華民國國民所有；3.依中華民國法律設立，在中華民國有本公司之下列公司所有：(1)無限公司，其股東全體爲中華民國國民；(2)有限公司，資本二分之一以上爲中華民國國民所有，其代表公司之董事爲中華民國國民；(3)兩合公司，其無限責任股東全體爲中華民國國民；(4)股份有限公司，其董事長及董事二分之一以上爲中華民國國民，且其資本二分之一以上爲中華民國國民所有；4.依中華民國法律設立，在中華民國有主事務所之法人團體所有，其社員三分之二以

---

[2] 最高法院108年度台上字第2324號民事判決。

[3] 最高法院51年台上字第2242號民事判決。

上及負責人爲中華民國國民（船舶法第5條第2項）；（二）船舶應具備下列各款標誌：1.船名；2.船籍港名或小船註冊地名；3.船舶號數；4.載重線標誌及吃水尺度；5.法令所規定之其他標誌（船舶法第10條第1項）；（三）船名由船舶所有人自定，不得與他船船名相同（船舶法第12條本文）；（四）船舶所有人應自行認定船籍港或註冊地（船舶法第13條）。

二、不動產性

船舶雖爲動產，然具有不動產性（海商法第6條）。詳言之：（一）登記制度：海商法船舶之所有權、抵押權及租賃權之取得、設定、喪失及變更，均須向航政主管機關登記（registration of ships）（海商法第9條、第36條）；初次申請登記所有權時，應記載左列各款於申請書船舶標示欄內：1.船舶之種類及名稱；2.自國外取得者，其取得國籍之年、月、日；3.船質；4.總噸位；5.淨噸位；6.建造完成之年、月、日；7.主機之種類、數目及馬力；8.推進器之種類及其數目（船舶登記法第36條第1項）；（二）強制執行：關於海商法船舶之強制執行（compulsory execution），準用不動產強制執行之規定（強制執行法第114條第1項）。因海商法船舶之價值常高於不動產之價值，非一般之動產可比。

參、船舶所有權

一、船舶所有權之範圍

除給養品外，凡於航行上或營業上必需之一切設備及屬具，均視爲船舶之一部（海商法第7條）。此爲民法第68條就主物（principal thing）與從物（accessories）關係之特別規定，應優先適用[4]。

---

[4] 民法第68條規定：非主物之成分，常助主物之效用，而同屬於一人者，爲從物。但交易上有特別習慣者，依其習慣。主物之處分，及於從物。

二、船舶所有權之讓與

（一）書面及蓋印證明

船舶所有權或應有部分之讓與，非作成書面並依下列之規定，不生效力：1.在中華民國，應申請讓與地或船舶所在地航政主管機關蓋印證明；2.在外國，應申請中華民國駐外使領館、代表處或其他外交部授權機構蓋印證明（海商法第8條）[5]。準此，海商法船舶所有權之讓與，係以作成書面與蓋印證明為要式行為，此為取得所有權之生效要件。就船舶所有權之物權行為所為之規定，並買賣船舶之債權契約，應經航政主管機關蓋印證明始生效力[6]。

（二）登記制度

船舶全部或一部之讓與，只須作成書面，在國內經讓與地或船舶所在地航政主管機關蓋印證明，在國外經中華民國領事館蓋印證明，即生讓與之效力，船舶所有權之移轉登記。是船舶所有權之移轉（transfer of ownership），雖非經登記，不得對抗第三人（海商法第9條）。係以完成登記，為對抗第三人之要件，然非生效要件，其不同於一般動產以交付為生效要件之規定（民法第761條）[7]。

肆、案例1解析——海商法之船員

所謂小船，係指總噸位未滿20噸之動力船舶（船舶法第3條第8款後段）。所謂動力船舶，係指裝有機械用以航行之船舶。該船舶除碰撞外，不適用海商法之規定（海商法第3條第1款）。況海商法所稱之海員，係服務於海上航行及在與海相通之水面或水中之船舶人員，漁船船員係屬漁民，漁船亦非以航行為目的，係以捕魚為目的，故其船員非海商法上之船員。準此，甲為總噸位未滿20噸之動力海上漁船之船員（shipman），其本於僱傭契約所生之債權，自不得就海事優先權擔保之債權，主張有優先受償之權（海商法第24條第1項第1款）。

---

[5] 最高法院78年度台上字第496號民事判決。
[6] 最高法院94年度台簡上字第34號民事判決。
[7] 最高法院70年度台上字第171號民事判決。

第二節　海上企業人

第一項　船舶所有人

案例2

　　甲所有A輪船出租與乙經營海上運送，因A輪船發生海難沉沒，經丙所有之B貨船打撈上岸。試問：（一）B貨船之所有人丙如何請求打撈費用？（二）本件海難事故，係因乙操作船舶過失所致，乙對於所造成之人員傷亡及財物毀損滅失之損害賠償，得否主張責任之限制？

壹、船舶所有人之定義

　　所謂船舶所有人（owner of ship）、船主或船東，係指以自己之船舶經營海上運送之人，其與船舶承租人、船舶共有人同為海上企業之主體。船舶建造中，承攬人破產而破產管理人不為完成建造者，船舶定造人，得將船舶及業經交付或預定之材料，照估價扣除已付定金給償收取之，並得自行出資在原處完成建造。但使用船廠應給與報償（海商法第10條）。準此，承攬人破產而破產管理人不為完成建造者，船舶定造人得自行出資完成建造，取得船舶所有人。

貳、船舶所有人之有限責任（90、92高考）

一、立法理由

　　有鑑於海上運送之風險特多，船長與海員之航行行為，船舶所有人難以直接指揮監督，為發展航海事業，獎勵航業之投資，自有制定船舶所有人有限責任（limited of liability of owner of ship）之必要。

二、立法主義[8]

（一）委付主義

所謂委付主義（system of abandonment）或法國主義，係指依據法國法律規定，船舶所有人對於船舶業務活動所生之債務，原則上應以其全部財產，負人之無限責任（unlimited liability）。例外情形，船舶所有人於法律所規定之條件下，得委付其船舶與運費予債權人，而免除其責任，其負物之有限責任。

（二）執行主義

所謂執行主義或德國主義，係指依據德國舊海商法規定，船舶所有人因船舶業務活動所生之債務，僅以本次航行之船舶及運費，負物之有限責任。因德國於1972年修訂海商法，改採金額主義，故執行主義已成為歷史名詞。

（三）船價主義

所謂船價主義或美國主義，係指依據美國法律規定，運送人對於船舶業務活動所生之債務，原則上應以本次航行之船舶價值及運費之收益之數額內，就其全部財產，負人之有限責任。而船舶所有人得不提出船舶價值，而委付其船舶與運費予債權人。而對於生命及身體之損害兼採金額主義。

（四）金額主義

所謂金額主義或英國主義，係指船舶所有人於每次海上事故發生時，按其損害係對人之損害或對物之損害不同，依據船舶登記之噸位，按法律規定之數額，計算船舶所有人應行負責之金額。

三、限制責任之債務（105、107高考三級法制；107律師）

（一）限制責任項目

船舶所有人對下列事項所負之責任，以本次航行之船舶價值、運費

8　賴源河，實用商事法精義，五南圖書出版股份有限公司，2015年9月，12版1刷，頁373至374。

及其他附屬費爲限（海商法第21條第1項）：1.在船上、操作船舶或救助工作直接所致人身傷亡或財物毀損滅失之損害賠償（第1款）；2.船舶操作或救助工作所致權益侵害之損害賠償。但不包括因契約關係所生之損害賠償（第2款）；3.沉船或落海之打撈移除所生之債務。但不包括依契約之報酬或給付（第3款）。依據契約關係所約定之報酬或給付，係由當事人合意爲之，自應依約履行，故船舶所有人不得於事後主張限制責任，圖謀不當之利益或減免契約責任；4.爲避免或減輕前二款責任所負之債務（第4款）[9]。

（二）賠償責任之範圍

海商法第21條第1項係就船舶所有人責任限制時，其應負賠償責任之範圍所設之實體上規定，並非爲債權人保全強制執行而設之程序規定，債權人起訴後，船舶所有人本得同時爲責任有無之抗辯及限制責任之主張。船舶所有人爲限制責任之主張時，海商法未規定須先提存船舶價值、運費及其他附屬費於法院之規定，法院不能命其負先爲提存之義務[10]。

四、限制責任之財產

船舶所有人僅以船舶財產爲限，負物之有限責任，其範圍以本次航行之船舶價值、運費及其他附屬費爲限。船舶所有人，包括船舶所有權人、船舶承租人、經理人及營運人（海商法第21條第2項）[11]。

（一）船舶價值

所謂本次航行，係指船舶自一港至次一港之航程（海商法第21條第3項前段）。船舶所有人，如依本法第21條規定限制其責任者，對於

---

[9] 最高法院44年台上字第515號民事判決：在海上航行之船舶所有人，對於船長、船員因執行業務所加損害於第三人之賠償，其所負責任，以本次航海之船舶價值、運費及其他附屬費爲限，海商法第23條第1項定有明文，尋繹此項條款規定之本旨，爲限制在海上航行之船舶所有人，對於船長、船員因執行業務所加損害於第三人之賠償責任而設，實爲民法第188條之特別法，自應先於民法第188條規定而適用之。

[10] 最高法院68年台抗字第488號民事裁定。

[11] 最高法院109年度台抗字第1197號民事裁定。

本次航行之船舶價值應證明之（海商法第23條第1項）。船舶價值之估計，以下列時期之船舶狀態為準（第2項）：1.因碰撞或其他事變所生共同海損之債權，及事變後以迄於第一到達港時所生之一切債權，其估價依船舶於到達第一港時之狀態（第1款）；2.關於船舶在停泊港內發生事變所生之債權，其估價依船舶在停泊港內事變發生後之狀態（第2款）；3.關於貨載之債權或本於載貨證券而生之債權，除前二款情形外，其估價依船舶於到達貨物之目的港時，或航行中斷地之狀態，倘貨載應送達於數個不同之港埠，而損害係因同一原因而生者，其估價依船舶於到達該數港中之第一港時之狀態（第3款）；4.關於第21條所規定之其他債權，其估價依船舶航行完成時之狀態（第4款）。

（二）運　費

所謂運費者（freight），係指本次航行之總運費而言，此為運送人或船長運送貨物或旅客之報酬，不包括依法或依約不能收取之運費及票價（海商法第21條第3項中段）。

（三）附屬費

所謂附屬費者，係指本次航行，船舶因受損害應得之賠償而言，但不包括保險金（insurance compensation）（海商法第21條第3項後段）。因保險人所支付之賠償金額，係基於保險契約，為被保險人或要保險人於支付保險費後，在一定條件下所應得之對價，此與基於侵權行為所發生之損害賠償債權有別[12]。

五、責任限制額之標準

船舶所有人所負之責任，雖以本次航行之船舶價值、運費及其他附屬費為限（海商法第21條第1項）。惟其責任限制數額如低於海商法第21條第4項所列四款標準者，船舶所有人應補足之。船舶登記總噸不足300噸者，以300噸計算（海商法第21條第4項第4款）。準此，我國海商法關於船舶所有人限制責任之規定，係兼採海商法第21條第1項之船價主義與海商法第21條第4項金額主義：

---

[12] 最高法院59年度台上字第3219號民事判決。

（一）財物損害之賠償

對財物損害之賠償，以船舶登記總噸，每一總噸為國際貨幣基金，特別提款權54計算單位，計算其數額（海商法第21條第4項第1款）。準此，船舶登記總噸與財物損害之賠償間，有正比關係。

（二）人身傷亡之賠償

對人身傷亡之賠償，以船舶登記總噸，每一總噸特別提款權162計算單位計算其數額（海商法第21條第4項第2款）。比較人身傷亡賠償與財物損害賠償之特別提款權，前者為後者之3倍。

（三）財物損害及人身傷亡同時發生之賠償

財物損害及人身傷亡同時發生者，以船舶登記總噸，每一總噸特別提款權162計算單位計算其數額。但人身傷亡應優先以船舶登記總噸，每一總噸特別提款權108計算單位計算之數額內賠償，倘此數額不足以全部清償時，其不足額再與財物之毀損滅失，共同在現存之責任限制數額內，比例分配之（海商法第21條第4項第3款）。

六、責任限制之例外（105高考三級法制；107律師）

船舶所有人之責任限制規定，而於下列情形不適用之，其應負無限責任：（一）本於船舶所有人本人之故意或過失所生之債務；（二）本於船長、海員及其他服務船舶之人員之僱用契約所生之債務；（三）救助報酬及共同海損分擔額；（四）船舶運送毒性化學物質或油污所生損害之賠償；（五）船舶運送核子物質或廢料發生核子事故所生損害之賠償；（六）核能動力船舶所生核子損害之賠償（海商法第22條）。

參、案例2解析——船舶所有人之限制責任

一、限制責任之債務

非因依契約之報酬或給付，船舶所有人對其沈船或落海之打撈移除所生之債務，其所負之責任，以本次航行之船舶價值、運費及其他附屬費為限（海商法第21條第1項第3款）。船舶所有人，包括船舶所有權人、船舶承租人、經理人及營運人（第2項）。甲所有A輪船出租與乙

經營海上運送，因A輪船發生海難沉沒，經丙所有之B貨船打撈上岸，B貨船之所有人得向乙請求打撈費用。而乙為船舶承租人與營運人，其屬船舶所有權人，就非依據契約而生之打撈報酬，自得主張僅以船舶財產為限，負物之有限責任。

二、限制責任之例外

船舶所有人之責任限制規定，其基於本人之故意或過失所生之債務，不適用之，自應負無限責任（海商法第22條第1款）。準此，本件海難事故，係因乙操作船舶過失所致，乙對於所造成之人員傷亡及財物毀損滅失之損害賠償，應負無限之損害賠償責任。

第二項　其他海上企業人

案例3

甲、乙、丙成立海運有限公司，並共有A海運貨櫃輪船，三人應有部分均為三分之一。丁係該公司之經理人，丁經甲、乙之口頭委任，為擔保該公司向戊借款新臺幣1,000萬元而設定抵押權，其並未辦理登記。試問該公司屆清償期日不依約清償借款，戊得否對A海運貨櫃輪船主張抵押權？

壹、船舶共有人

一、內部關係

（一）共同利益事項

共有船舶之處分及其他與共有人（joint owner of a ship）共同利益有關之事項，應以共有人過半數，並其應有部分之價值合計過半數之同意為之，適用雙重之多數決（海商法第11條）。此為民法第819條第2項之共有物處分與第820條第1項之共有物管理之特別規定，應優先適

用[13]。

（二）個人利益事項

船舶共有人有出賣其應有部分時，其他共有人，得以同一價格儘先承買（海商法第12條第1項）。因船舶共有權一部分之出賣，致該船舶喪失中華民國國籍時，應得共有人全體之同意（第2項）。船舶共有人，以其應有部分供抵押時，應得其他共有人過半數之同意（海商法第13條）。此爲民法第819條第1項之共有物得自由處分之特別規定，應優先適用[14]。

二、外部關係

船舶共有人，對於利用船舶所生之債務，就其應有部分，負比例分擔之責（海商法第14條第1項）。共有人對於發生債務之管理行爲，曾經拒絕同意者，關於此項債務，得委棄其應有部分於他共有人而免其責任（第2項）。

三、共有關係之消滅

（一）共有關係之退出

船舶共有人爲船長而被辭退或解任時，得退出共有關係，並請求返還其應有部分之資金（海商法第15條第1項）。前開資金數額，依當事人之協議定之，協議不成時，由法院裁判之（第2項）。前開規定退出共有關係之權，自被辭退之日起算，經1個月不行使而消滅（第3項）。該期間爲除斥期間，非請求權期間。

（二）共有關係之終止

船舶共有關係，因標的物之消滅而歸於消滅。然共有關係（co-

---

[13] 民法第819條第2項規定：共有物之處分、變更、及設定負擔，應得共有人全體之同意。第820條第1項規定：共有物之管理，除契約另有約定外，應以共有人過半數及其應有部分合計過半數之同意行之。但其應有部分合計逾三分之二者，其人數不予計算。

[14] 民法第819條第1項規定：各共有人，得自由處分其應有部分。

ownership），不因共有人中一人之死亡、破產或受監護宣告而終止（海商法第16條）。因船舶共有之所有權係由數人共同享有者，不因共有人中一人之事由，導致共有關係消滅。

四、共有船舶經理人

（一）經理人之選任

船舶共有人，應選任共有船舶經理人，經營其業務，共有船舶經理人之選任，應以共有人過半數，並其應有部分之價值合計過半數之同意為之（海商法第17條）。準此，選任船舶經理人應符合共有人與船舶價值合計均過半數之要件。

（二）經理人之權限

經理人之權限，其中有關代表權與處分權，海商法有特別規定：1.所謂代表權（delegacy），係指共有船舶經理人關於船舶之營運，在訴訟上或訴訟外代表共有人（海商法第18條）；2.所謂處分權（dispose），係指共有船舶經理人，非經共有人依第11條規定之書面委任，不得出賣或抵押其船舶[15]。船舶共有人，對於共有船舶經理人權限所加之限制，不得對抗善意第三人（海商法第19條）。

（三）經理人之義務

共有船舶經理人，其於每次航行完成後，應將其經過情形，報告於共有人，共有人亦得隨時檢查其營業情形，並查閱帳簿，以核對船舶航行之實際狀況（海商法第20條）。

貳、船舶承租人

一、船舶承租人之定義

船舶承租人（lessee）有廣義與狹義之區分：（一）廣義者係指支付租金而使用他人船舶之人；（二）狹義者係指支付租金而使用他人

---

[15] 共有船舶之處分及其他與共有人共同利益有關之事項，應以共有人過半數並其應有部分之價值合計過半數之同意為之。

（lessor）船舶，並以之從事海商企業活動之人而言。海商法之船舶承租人，係指狹義之船舶承租人而言。

二、船舶承租人與第三人間之關係

船舶承租人係海商企業活動主體，因此係船長、海員等之僱用人（employer），船舶承租人應依據民法第224條及第188條為受僱人（employee）之行為負責。船舶承租人亦為運送人，其應適用海商法有關運送人（carrier）之責任[16]。

參、船長與海員

一、船員之範圍

船員包含船長及海員，船員應年滿16歲，船長應為中華民國國民（船員法第2條第5款、第5條）。所謂船長，係指受船舶所有人僱用主管船舶一切事務之人員；所謂海員，係指受船舶所有人僱用，由船長指揮服務於船舶上所有人員（海商法第2條；船員法第2條第6款至第7款）。雇用人僱用船員，應簽訂書面僱傭契約，送請航政機關備查後，受僱船員始得在船上服務。僱傭契約終止時，亦同（船員法第12條）。雇用人僱用船員僱傭契約範本，由航政機關定之（船員法第13條）。船員法之主管機關為交通部，其業務由航政機關辦理（船員法第4條）。海商法未明定船舶所有人以外之人不得僱用船長、船員，且未禁止不得將油駁船上之服務工作以勞務發包方式委由第三人處理，甲公司雖為船舶所有權人，然不能藉由海商法第2條規定，逕認兩造間有僱傭關係存在[17]。

二、船長之權利

船長對船舶有指揮權與緊急處分權：（一）船舶之指揮，由船長

---

[16] 王文宇、林國全、王志誠、許忠信、汪信君，商事法，元照出版有限公司，2004年6月，頁410。

[17] 臺灣高等法院高雄分院91年度勞上字第6號民事判決。

負責；船長為執行職務，有命令與管理在船海員及在船上其他人員之權（船員法第58條第1項）。船長為維護船舶安全，保障他人生命或身體，對於船上可能發生之危害，得為必要處置（第2項）；（二）船長在航行中，為維持船上治安及保障國家法益，得為緊急處分（船員法第59條）。船員法於刑法第24條緊急避難之體系外，另於第58條、第59條就船長權為特別規定，此為刑法第21條第1項依法令行為之阻卻違法事由，應在於船長權之性質近似於海上之警察權甚至司法權，而有私人代替國家行使公權力之意義[18]。

三、船長之義務

船長對於執行職務中之過失，應負責任；倘主張無過失時，應負舉證之責任（船員法第67條）。準此，船長對於執行職務中之過失，適用推定過失責任，由船長負無過失之舉證責任。

（一）航行責任

船長對船舶之航行有如後義務：1.文件備置及送驗義務：船長在船舶上應置備船舶文書及有關載客載貨之各項文件（船員法第60條第1項）。航政機關依法查閱前項船舶文書及文件時，船長應即送驗（第2項）；2.檢查船舶及航海準備之義務：船長於船舶發航前及發航時，應依規定檢查船舶及完成航海準備（船員法第61條）；3.航程遵守義務：船長非因事變或不可抗力，不得變更船舶預定航程（船員法第62條）；4.開艙卸貨之限制：船長除有必要外，不得開艙或卸載貨物（船員法第63條）；5.船長任期：船長在航行中，其僱用期限已屆滿，不得自行解除或中止其職務（船員法第64條）；6.處置遺物義務：在船人員死亡或失蹤時，其遺留於船上之財物，船長應以最有利於繼承人之方法處置之（船員法第65條）。

（二）海事責任

船長對船舶之海事有如後義務：1.海事報告義務：船長遇船舶沉沒、擱淺、碰撞、強迫停泊或其他意外事故及有關船舶貨載、海員或旅

---

[18] 最高法院102年度台上字第3895號刑事判決。

客之非常事變時,應作成海事報告,載明實在情況,檢送航政機關(船員法第66條第1項)。前項海事報告,應有海員或旅客之證明,始生效力。但其報告係船長於遭難獨身脫險後作成者,不在此限(第2項);2.有礙航行事項之報告義務:船長於本航次航路上發現油污損害、新生沙灘、暗礁、重大氣象變化或其他事故有礙航行者,應報告航政機關(船員法第71條);3.海難或意外事故之處理:船舶發生海難或其他意外事故,船長應立即採取防止危險之緊急措施,並應以優先方法報告航政機關,以便施救(船員法第72條第1項)。船舶因海難或其他意外事故致擱淺、沉沒或故障時,船長除應依前項規定處理外,並應防止油污排洩,避免海岸及水域遭受油污損害(第2項);4.棄船諮詢義務:船舶有急迫危險時,船長應盡力採取必要之措施,救助人命、船舶及貨載(船員法第73條第1項)。船長在航行中不論遇何危險,非經諮詢各重要海員之意見,不得放棄船舶。但船長有最後決定權(第2項)。放棄船舶時,船長應盡力將旅客、海員、船舶文書、郵件、金錢及貴重物救出(第3項)。船長違反第1項、第2項規定者,就自己所採措施負其責任(第4項);5.船舶發生碰撞之處置:船舶碰撞後,各碰撞船舶之船長於不甚危害其船舶、海員或旅客之範圍內,對於其他船舶、船員及旅客應盡力救助(船員法第74條第1項)。各該船長除有不可抗力之情形外,在未確知繼續救助為無益前,應停留於發生災難之處所(第2項)。各該船長應於可能範圍內,將其船名、船籍港、開來及開往之港口通知他船舶(第3項);6.救助危難之人義務:船長於不甚危害船舶、海員、旅客之範圍內,對於淹沒或其他危難之人,應盡力救助(船員法第75條)。

(三)刑事責任

船長於放棄船舶時,應盡力將旅客、海員、船舶文書、郵件、金錢及貴重物救出,此為船長之救助義務(船員法第73條第3項)。船長違反者,處7年以下有期徒刑。因而致人於死者,處3年以上10年以下有期徒刑(船員法第76條)。

肆、案例3解析——船舶設定抵押權之要件

一、船舶共有人內部共同利益事項

　　共有船舶之處分及其他與共有人共同利益有關之事項，應以共有人過半數並其應有部分之價值合計過半數之同意爲之（海商法第11條）。甲、乙、丙共有A貨輪，渠應有部分均爲三分之一，經甲、乙同意時，自得就A貨輪設定抵押權。

二、共有船舶之經理人權限

　　共有船舶經理人（manager），非經共有人依海商法第11條規定之書面（written form）委任，不得抵押其船舶（海商法第19條）。丁係A貨輪之經理人，丁雖經甲、乙之口頭委任，爲擔保海運有限公司向戊借款新臺幣1,000萬元而設定抵押權。惟未經書面委任，其設立抵押權之法律行爲，未成立生效（民法第73條本文）。職是，該公司屆清償期日，不依約清償借款，戊不得就海運貨櫃輪船主張抵押權。

第三節　船舶債權人

第一項　海事優先權人

案例4

> 　　甲以所有A輪船爲乙設定抵押權，並向其借款新臺幣（下同）1,000萬元，其於運送丙託運之貨物時，因船長過失而碰撞丁所有之B船，須分別賠償丙、丁800萬元及500萬元。嗣乙持拍賣抵押物裁定強制執行A輪船，經拍賣得款2,000萬元。試問應如何分配價金於相關之人？依據爲何？

壹、海事優先權之定義

　　所謂海事優先權或船舶優先權（maritime liens），係指船舶之特定債權，債權人就該船舶及其收益，有優先受償之權。其爲法定擔保（statutory guarantee）物權，不以占有或登記爲要件，其優先受償次序依海商法第24條規定。

貳、海事優先權之債權及標的（104律師）

一、海事優先權之債權

　　下列各款爲海事優先權擔保之債權，有優先受償之權，該等海事優先權之位次，在船舶抵押權（mortgage of ship）之前（海商法第24條）[19]：（一）船長、海員及其他在船上服務之人員，本於僱傭契約所生之債權（第1項第1款）；（二）因船舶操作直接所致人身傷亡，對船舶所有人之賠償請求（第2款）。船舶所有人包括船舶所有權人、船舶承租人、經理人及營運人[20]；（三）救助之報酬、清除沉船費用及船舶共同海損分擔額之賠償請求（第3款）；（四）因船舶操作直接所致陸上或水上財物毀損滅失，對船舶所有人基於侵權行爲之賠償請求（第4款）；（五）港埠費、運河費、其他水道費及引水費（第5款）。例如，停泊費或繫解纜費，係海商法第24條第1項第5款之港埠設費，港務機關有優先受償之權[21]。

二、海事優先權之標的

　　海事優先權之債權，得優先受償之標的如下（海商法第27條）：（一）船舶、船舶設備及屬具或其殘餘物（第1款）；（二）在發生優先債權之航行期內之運費（第2款）。海商法第28條規定，船長、海員

---

[19] 最高法院55年台上字第1648號、55年台上字第2588號、77年度台上字第325號民事判決。

[20] 最高法院109年度台抗字第1197號民事裁定。

[21] 最高法院55年度台上字第2588號、60年度台上字第4332號、64年度台上字第1906號民事判決。

及其他在船上服務之人員，本於僱傭契約（employment contract）所生之債權，得就同一僱傭契約期間內所得之全部運費，優先受償，不受本款之限制；（三）船舶所有人因本次航行中船舶所受損害，或運費損失應得之賠償（第3款），本款賠償限於侵權行為之損害賠償金，不包含保險契約或公法上原因所為給付[22]；（四）船舶所有人因共同海損應得之賠償（第4款）；（五）船舶所有人在航行完成前，為施行救助所應得之報酬（第5款）。

三、物權效力

海事優先權，不因船舶所有權之移轉而受影響（海商法第31條）。例如，優先債權所由發生之船舶，係海商法第27條第2款所定優先權之標的，縱船舶出租或傭船於他人，船舶所有人未參與該優先債權所由生之行為，債權人仍得對之行使優先權，該優先權係具有直接支配特定船舶、優先受償及追及之效力，具有物權性質，規範旨趣在於維持船舶之航行必要行為及海上交易之安全[23]。

參、海事優先權之位次

一、同次航行

屬於同次航行之海事優先權，其位次依第24條各款規定（海商法第29條第1項）。一款中有數債權者，不分先後，比例受償（第2項）。救助之報酬、清除沉船費用及船舶共同海損分擔額之賠償請求，如有二個以上屬於同一種類，其發生在後者優先受償。救助報酬之發生應以施救行為完成時為準（第3項）。共同海損之分擔，應以共同海損行為發生之時為準（第4項）。因同一事變所發生第24條第1項各款之債權，視為同時發生之債權（第5項）。

[22] 劉宗榮，海商法，三民書局股份有限公司，2021年1月，修訂4版1刷，頁113。
[23] 最高法院108年度台抗字第917號民事裁定。

二、異次航行

不屬於同次航行之海事優先權,其後次航行之海事優先權,先於前次航行之海事優先權(海商法第30條)。準此,後發生者,其優先權在前,採後航次優先原則。

肆、海事優先權之消滅原因

一、消滅原因

海事優先權之消滅原因如後:(一)海事優先權所擔保之債權消滅;(二)海事優先權之標的物滅失;(三)債權人拋棄海事優先權而消滅;(四)因實行海事優先權而消滅[24];(五)海事優先權之除斥期間之經過。海事優先權消滅後,原先(二)至(五)由海事優先權擔保之債權仍然存在。

二、海事優先權之除斥期間

海商法第24條第1項海事優先權自其債權發生之日起,經1年而消滅。但船長、海員及其他在船上服務之人員,本於僱傭契約所生之債權之賠償,自離職之日起算(海商法第32條)。海事優先權係因船舶所生之特種債權,依法律規定得就船舶優先於其他債權而受償。海商法第24條第2項規定海事優先權之位次在船舶抵押權之前,其效力較抵押權為強,且不因船舶所有權之移轉而受影響(海商法第31條)。故就其優先受償性質而言,類似於物權,與其所擔保之船舶債權係屬兩事。海事優先權為不公開之特權,較具物權性。海商法第32條規定優先權行使期間之1年,應解為除斥期間,使此不公開之特權早歸於消滅,以減輕船舶之負擔。

---

[24] 劉宗榮,海商法,三民書局股份有限公司,2021年1月,修訂4版1刷,頁121至122。

三、海事優先權為擔保物權

海事優先權為擔保物權，其為從權利，海事優先權所擔保之債權為主權利，主權利之消滅時效期間與從權利之除斥期間，是各自獨立，從權利縱因除斥期間屆滿而消滅，使主權利變為無擔保之債權，倘主權利之消滅時效未完成，債權人仍得對債務人行使債權請求權。

伍、案例4解析——海事優先權與船舶抵押權之受償次序

海事優先權之位次，在船舶抵押權之前（海商法第24條第2項）。因船舶操作直接所致陸上或水上財物毀損滅失，對船舶所有人基於侵權行為之賠償請求，均屬海事優先權（第1項第4款）。屬於同次航行之海事優先權，其位次依第24條各款規定（海商法第29條第1項）。同款中有數債權者，不分先後，比例受償（第2項）。準此，甲以所有A輪船為乙設定抵押權，並向其借款新臺幣（下同）1,000萬元，其於運送丙託運之貨物時，因船長過失而碰撞丁所有之B船，須分別賠償丙、丁800萬元及500萬元。嗣乙持拍賣抵押物裁定強制執行A輪船，經拍賣得款2,000萬元，丙、丁之債權優先於抵押權受償，丙、丁可各分得800萬元及500萬元，抵押權人僅得就餘款700萬元受償[25]。

第二項　船舶抵押權人

案例5

甲向乙借款新臺幣（下同）1,000萬元，以所有A輪船為乙設定抵押權，甲及乙雖有訂定設定抵押權之書面契約，惟並未辦理登記。甲另積欠丙借款500萬元，至清償期未還，丙取得民事勝訴判決後，向法院聲請就A輪船強制執行，經拍賣所得價金為1,200萬元。試問乙基於抵押權人之地位主張優先受償，是否有理？

---

[25] 王通顯、阮祺祥、吳錦墀、游鉦添，實用商事法，華立圖書股份有限公司，2004年9月，4版1刷，頁391。

壹、船舶抵押權之定義

所謂船舶抵押權（mortgage of ship），係指債務人或第三人不移轉占有而提供船舶作債權之擔保，除海商法另有規定外，得就其賣得價金優先受償之權利。民法有關抵押權之規定，海商法未規定者，船舶抵押權亦適用之。

貳、船舶抵押權之設定

一、設定人

（一）船舶所有人或受特別委任之人

船舶抵押權之設定，除法律別有規定外，僅船舶所有人或受其特別委任之人始得為之（海商法第35條）。船舶共有人之一，得以其應有部分，為第三人設定抵押權。準此，非船舶所有人或受其一般委任之人，不得為船舶抵押權之設定。

（二）共有船舶經理人

共有船舶經理人，經共有人依應以共有人過半數並其應有部分之價值合計過半數之同意為之書面委任，得抵押其船舶（海商法第11條、第19條第1項）。船舶共有人，對於共有船舶經理人權限所加之限制，不得對抗善意第三人（海商法第19條第2項）。

二、設定方式

船舶抵押權之設定，應以書面為之（海商法第33條）。此為要式行為，未以書面為之，則屬無效。船舶抵押權之設定，非經登記，不得對抗第三人（海商法第36條）。船舶抵押權之設定，以登記為對抗要件，而非生效要件（come into effect）。

三、設定之標的物

建造中之建物，雖無法設定抵押權，然船舶抵押權之標的，除以船舶抵充之外，亦得就建造中之船舶加以設定（create），俾於融通造船之資金與保障船舶定造人所投入之資金（海商法第34條）。

參、船舶抵押權之效力

　　船舶共有人中一人或數人，就其應有部分所設定之抵押權，不因分割或出賣而受影響（海商法第37條）。海商事件依本法規定，倘無規定者，得適用民法規定。準此，船舶抵押權相互間之順位，依據登記先後定之。

肆、案例5解析——設定船舶抵押權之對抗要件

　　船舶抵押權之設定，非經登記，不得對抗第三人（海商法第36條）。即船舶抵押權之設定，以登記為對抗要件。甲向乙借款新臺幣（下同）1,000萬元，並以所有A輪船為乙設定抵押權，甲與乙有訂定設定抵押權之書面契約。甲另積欠丙借款500萬元，至清償期未還，丙取得民事勝訴判決後，強制執行A輪船，經拍賣所得價金為1,200萬元，因抵押權並未辦理登記，乙不得基於抵押權人之地位，對抗丙而主張優先受償。準此，乙、丙應依據債權比例分配拍賣價金，各得800萬元及400萬元[26]。

習　題

一、說明海商法上之船舶定義。
　　提示：海商法第1條。
二、海事優先權與船舶抵押權同時並存，其清償順位為何？
　　提示：海商法第24條。
三、船舶所有權之移轉方式與一般動產有何不同？
　　提示：海商法第8條與第9條、民法第761條。
四、海事優先權得優先授權之債權為何？得優先授權之標的為何？
　　提示：海商法第24條、第27條。
五、海商法對於船舶抵押權設定有何規定？
　　提示：海商法第33條至第37條。

---

[26] 林洲富，實用強制執行法精義，五南圖書出版股份有限公司，2020年9月，15版1刷，頁295。

第三章

海上企業活動

關鍵詞：求償權、傭船契約、有價證券、物權證券、甲板運送、
件貨運送契約、喜馬拉雅條款、履行輔助人

　　研讀海上企業活動之重點，在於瞭解海上貨物運送契約、海上旅客運送契約與船舶拖帶等相關規範，而海上貨物運送契約爲海上企業活動主要項目。本章爲使實務與理論相互應證，計有12則案例，分析法律之原則及適用。

第一節　海上貨物運送契約

第一項　概說

案例1

> 　　託運人甲將每件價值新臺幣1萬元之珠寶，計100件，與A船舶運送人乙訂立件貨運送契約，經聲明貨物價值，因船員丙之過失，導致貨物毀損。試問運送人乙應否賠償託運人甲之損失？依據爲何？

案例2

> 　　買賣契約所約定之交易條件，決定海上貨物運送訂約義務人及海上貨物之投保義務人。試問FOB、CFR及CIF間之交易條件，就買賣契約簽訂之當事人、運送契約之當事人、海上保險契約之投保義務人、買賣價金負擔、貨物所有權移轉時點及危險負擔移轉時點，三者有何異同？

壹、海上貨物運送契約之定義

　　所謂海上貨物運送契約（contract of carriage of goods by sea），係指以運送貨物爲標的而收受運費，由運送人與託運人間所訂立之契約。倘以第三人爲受貨人，則具有向第三人爲給付之契約或第三人利益契約

（third party beneficiary contract）（民法第269條）[1]。

貳、海上貨物運送契約之類型

一、件貨運送契約

　　所謂件貨運送契約或搭載契約，係指以貨物之件數之運送為目的者而訂立之契約（海商法第38條第1款）。運送人或船長於貨物裝載後，因託運人之請求，應發給載貨證券（海商法第53條）。件貨運送契約之訂立，海商法無明文規定，解釋上得適用民法規定，屬不要式契約（民法第622條）[2]。

二、傭船契約

（一）全部傭船契約或一部傭船契約

　　所謂傭船契約（charter-party），係指以船舶之全部或一部供運送為目的者，本質為承攬契約，其可分全部傭船契約或一部傭船契約（海商法第38條第2款）。該等運送之契約，不因船舶所有權之移轉而受影響（海商法第41條）。傭船契約應以書面為之，其為要式契約（海商法第39條）。該運送契約應載明下列事項：1.當事人姓名或名稱，及其住所、事務所或營業所；2.船名及對船舶之說明；3.貨物之種類及數量；4.契約期限或航程事項；5.運費（海商法第40條）。因傭船人不得占有船舶，對於海員無何等關係，僅需支付運費，無須負擔航行費用。

（二）定期傭船契約

　　定期傭船契約或定期租賃契約，係指船舶所有人於一定期間，將船舶連同船長及海員一併包租予定期傭船者，船長及海員並須聽從定期傭船者之指示。在此期間，船舶所有人對於船長並無指揮監督權，並非船長、海員之實質僱用人，自不負海商法第62條、第63條之注意義務[3]。

---

[1]　民法第269條規定：以契約訂定向第三人為給付者，要約人得請求債務人向第三人為給付，其第三人對於債務人，亦有直接請求給付之權。第三人對於前項契約，未表示享受其利益之意思前，當事人得變更其契約或撤銷之。第三人對於當事人之一方表示不欲享受其契約之利益者，視為自始未取得其權利。

[2]　民法第622條規定：稱運送人者，謂以運送物品或旅客為營業而受運費之人。

[3]　最高法院84年度台上字第1641號民事判決。

三、傭船契約與件貨運送契約之區別

	傭船契約	件貨運送契約
契約方式	要式契約	不要式契約
運費計算	運送艙位與期間	貨物重量、容積、個數
船舶所有權移轉	不因船舶所有權之移轉而受影響	因船舶所有權之移轉而受影響

四、光船租賃

所謂光船租賃，係指船東將未配備船員之空船出租予租船人，由租船人經營海上運輸業務之租船方式，在光船出租後，船舶占有權，暫時脫離船東之手而移轉於租船人。租船人必須負擔船舶一切管理與經營之費用與責任，包含僱用船長、船員、維護與修理船舶、加給燃料、繳納稅捐等。可見在光船租賃之狀況，船舶所有人對船舶未負有給養之義務，所有船舶之補給事宜均應由承租人負責。

五、傭船契約與船舶租賃契約之區別

	傭船契約	船舶租賃契約
法律關係	承攬契約	租賃契約
占有關係[4]	傭船人不占有船舶	承租人占有船舶
對第三人關係	傭船人與第三人無任何法律關係	承租人關於船舶之利用，對第三人之法律關係，其與船舶所有人相同
費用負擔	支付運費	支付租金與負擔航行費用

海商法第62條規定：運送人或船舶所有人於發航前及發航時，對於下列事項，應為必要之注意及措置：1.使船舶有安全航行之能力；2.配置船舶相當船員、設備及供應；3.使貨艙、冷藏室及其他供載運貨物部分適合於受載、運送與保存。船舶於發航後因突失航行能力所致之毀損或滅失，運送人不負賠償責任。運送人或船舶所有人為免除前項責任之主張，應負舉證之責。第63條規定：運送人對於承運貨物之裝載、卸載、搬移、堆存、保管、運送及看守，應為必要之注意及處置。

4 最高法院68年度台上字第866號民事判決。

六、買賣交易條件

（一）船上交貨

1. 裝船免責或出口港交貨免責

所謂船上交貨（Free On Board or Freight On Board, FOB），係指按船上交貨進行之交易，買方負責派船接運貨物，賣方應在契約規定之裝運港與規定之期限內，將貨物裝上買方指定之船隻，並及時通知買方。貨物在裝船時越過船舷，風險即由賣方轉移至買方，此為輸出港船上交貨免責或裝船免責。是出口商無簽訂海上貨物運送契約之義務，海上貨物運送契約由進口商、買受人或其委託人簽訂，出口商僅有依照進口商之指示，交付於指定之船舶運送。原則上，倘進口地徵收關稅，關稅由進口商承擔。

2. 信用狀往來契約

FOB交易條件，由買受人或進口商申請開狀銀行（issuing bank）簽發信用狀（Letter of Credit, L/C），買受人與開狀銀行簽訂信用狀往來契約，作為買受人或進口商陸續申請簽發信用狀及開狀銀行陸續簽發信用狀之法律基礎。所謂信用狀，係指銀行承諾受益人或出口商履行信用狀所訂之條件時，即負有履行付款（Documents against Payments, D/P）、承兌匯票（Documents against Acceptance, D/A）或為其他給付義務之書面意思表示。

（二）出賣人負擔成本與運費

所謂出賣人負擔成本與運費（Cost and Freight, CFR），係指買賣契約之價金，包含貨物成本與將貨物運抵目的港，故出賣人負擔貨物運抵目的港所需成本與運費，應由出賣人或出口商與運送人簽訂運送契約。出賣人於船舶上交付貨物後，買受人取得貨物所有權與負擔危險。

（三）出賣人負擔成本、保險費及運費

所謂出賣人負擔成本、保險費及運費（Cost, Insurance and Freight, CIF），係指買賣契約之價金，包含貨物成本、貨物保險費及將貨物運抵目的港，故出賣人負擔貨物運抵目的港所需成本、保險費及運費，應由出賣人或出口商與運送人簽訂運送契約。換言之，出賣人於船舶上交付貨物後，買受人取得貨物所有權與負擔危險。賣方於起運地裝貨港船

上交貨，賣方僅負責洽船、裝船並預付目的地港海上運費，並負責洽購海上保險與支付保費。賣方於貨物通過大船欄杆前負擔風險，在貨物通過大船欄杆後，風險歸買方負擔[5]。

參、海上貨物運送契約之解除

一、法定解除

運送人所供給之船舶有瑕疵，不能達運送契約之目的時，託運人得解除契約，不須經運送人同意（海商法第42條）。對船舶於一定時期內，供運送或爲數次繼續航行所訂立之傭船契約，僅得依據法定解除事由解除契約（海商法第45條）。

二、任意解除

（一）全部傭船

以船舶之全部供運送時，託運人於發航前得解除契約。但應支付運費三分之一，其已裝載貨物之全部或一部者，並應負擔因裝卸所增加之費用（海商法第43條第1項）。倘爲往返航程之約定者，託運人於返程發航前要求終止契約時，應支付運費三分之二（第2項）。前開之規定，對於當事人之間，關於延滯費之約定不受影響（第3項）。

（二）一部傭船

解除一部傭船可分：1.單獨解除：以船舶之一部供運送時，託運人於發航前，非支付其全部運費，不得解除契約。如託運人已裝載貨物之全部或一部者，並應負擔因裝卸所增加之費用及賠償加於其他貨載之損害（海商法第44條第1項）；2.全體解除：託運人均爲契約之解除者，各託運人僅負全部傭船之解約責任（第2項）。

---

[5] 最高法院95年度台上字第220號民事判決。

肆、案例解析

一、案例1解析──運送人就件貨運送契約之損害賠償責任

（一）件貨運送契約

　　件貨運送契約，係以貨物之件數之運送為目的者而訂立之契約（海商法第38條第1款）。件貨運送契約之訂立，海商法無明文規定，解釋上得適用民法之規定，屬不要式契約（民法第622條）。是託運人甲將每件價值新臺幣1萬元之珠寶，計100件，其與A船舶運送人乙訂立件貨運送契約，其性質屬件貨運送契約，倘海商法無明文規範，自得適用民法規定。

（二）損害賠償請求權

　　運送人對於運送物之喪失、毀損或遲到，應負責任（民法第634條本文）[6]。金錢、有價證券、珠寶或其他貴重物品，除託運人於託運時報明其性質及價值者外，運送人對於其喪失或毀損，不負責任。價值經報明者，運送人以所報價額為限，負其責任（民法第639條）[7]。所謂貴重物品，係指與金錢、有價證券、珠寶相當者而言，即必與金錢、有價證券、珠寶性質類似，其體積巧小，應施以特別注意而運送，價值昂貴，毀損滅失時不易以體積衡量其價值者為限。準此，本件運送之珠寶貨物經託運人甲聲明貨物價值，因船員丙之過失，導致貨物毀損，甲自得向運送人乙請求報價新臺幣100萬元。

二、案例2解析──海上運送貨物之交易條件

	FOB	CFR	CIF
買賣契約當事人	出口商（出賣人）與進口商（買受人）	出口商（出賣人）與進口商（買受人）	出口商（出賣人）與進口商（買受人）
運送契約當事人	進口商（買受人）與運送人	出口商（出賣人）與運送人	出口商（出賣人）與運送人

---

[6] 最高法院103年度台上字第335號民事判決。
[7] 最高法院95年度台上字第2469號民事判決。

	FOB	**CFR**	**CIF**
海上保險契約之投保義務人	無	無	出口商（出賣人）與保險人
買賣價金負擔	進口商（買受人）負擔運費與保險費	出口商（出賣人）負擔成本與運費	出口商（出賣人）負擔成本、保險費及運費
貨物所有權移轉時點	船舶上交貨起由進口商（買受人）取得	船舶上交貨起由進口商（買受人）取得	船舶上交貨起由進口商（買受人）取得
危險負擔移轉時點	船舶上交貨起由進口商（買受人）負擔	船舶上交貨起由進口商（買受人）取得	船舶上交貨起由進口商（買受人）取得

第二項　運送人

案例3

　　我國出口商甲將所有之貨物一批交予A輪船公司運送至美國，A輪船公司並簽發載貨證券交予甲。該貨物運至美國後，卸載於當地之海關倉庫。試問美國進口商乙偽造載貨證券而領取貨物，甲得否向A輪船公司求償？

案例4

　　因海員管理船舶不當，致船舶鍋爐發生爆裂，船舶起火，焚燬承運貨物。試問：（一）運送人應否負賠償責任？（二）倘因海員捆紮貨載欠牢，以致航行中遇通常風浪即發生移動，造成船舶傾斜，進水而漫延毀損承運貨物，運送人應否負賠償責任？

案例5

　　受貨人主張其自印尼進口原木3,000根，由運送人所屬之貨輪承運，其中300根價值新臺幣300萬元，係裝載於甲板上，因捆紮欠牢，致滾落海中滅失。故起訴請求運送人賠償，運送人對原告主張之事實雖不爭執，惟其對於承運該原木之裝卸、搬移、堆存、保管、運送及看守，有為必要之注意及處置。且託運人之同意，將原木裝載於甲板上，有載貨證券記明可證，依海商法第73條但書規定，其不負賠償責任等語為辯。試問法院應為如何判決？理由為何？

案例6

　　運送人委任甲公司選任之報關公司，因其作業疏失之故，導致運送人所承運之貨物，遭大陸地區海關扣押致不能完成運送，而該貨物滅失之原因，發生於商港區域。試問運送人得否依海商法第69條第8款規定，主張免責之抗辯？

壹、運送人之權利

一、運費請求權

　　運費請求權（claim of freight）係運送人之主要權利，而運費亦為傭船契約應記載之事項，具有要式性（海商法第40條第5款）。運送物於運送中，因不可抗力而喪失者，運送人不得請求運費，其因運送已受領之數額，應返還之（民法第645條）。因運費係償付運送人之報酬，運送物於運送中毀損滅失，既無由達成運送之目的，縱其毀損滅失係因不可抗力，然託運人之損失已鉅，自不應再許運送人有權請求運費，以期公平。所謂運送人，係指以運送物品或旅客為營業而受運費之人（民法第622條）。

二、交還載貨證券請求權

載貨證券具有換取、繳還或物權移轉證券之性質，運送貨物，經發給載貨證券者，貨物之交付，須憑載貨證券為之[8]。準此，載貨證券持有人請求交付運送人所運送之貨物時，應將載貨證券返還運送人（海商法第60條第1項；民法第628條、第630條）[9]。以船舶之全部或一部供運送為目的之運送契約另行簽發載貨證券者，運送人與託運人以外載貨證券持有人間之關係，依載貨證券之記載（海商法第60條第2項）。

三、損害賠償請求權

以船舶之全部或一部供運送者，運送人非於船舶完成裝貨或卸貨準備時，不得簽發裝貨或卸貨準備完成通知書（海商法第52條第1項）。裝卸期間自通知裝貨或卸貨送達之翌日起算，期間內不工作休假日及裝卸不可能之日不算入。但超過合理裝卸期間者，船舶所有人得按超過之日期，請求合理之補償（第2項）。運送人或船長發見未經報明之貨物，得在裝載港將其起岸，或使支付同一航程同種貨物應付最高額之運費，如有損害者，並得請求賠償（海商法第65條第1項）。前項貨物在航行中發見時，如係違禁物或其性質足以發生損害者，船長得投棄之（第2項）。

四、貨物寄存權

（一）寄存要件

受貨人怠於受領貨物時，運送人或船長得以受貨人之費用，將貨物寄存於港埠管理機關或合法經營之倉庫，並通知受貨人（海商法第51條第1項）。受貨人不明或受貨人拒絕受領貨物時，運送人或船長得依前項規定辦理，並通知託運人及受貨人（第2項）。

---

[8] 海商法第60條第1項規定：民法第627條至第630條關於提單之規定，於載貨證券準用之。
[9] 最高法院97年度台上字第1669號民事判決。

（二）拍賣貨物

運送人對於前開貨物有下列情形之一者，得聲請法院裁定准予拍賣（auction），於扣除運費或其他相關之必要費用後，提存（lodge）其價金之餘額：1.不能寄存於倉庫；2.有腐壞之虞；3.顯見其價值不足抵償運費及其他相關之必要費用[10]（海商法第51條第3項）。

五、運費之留置權

運送人為保全其運費及其他費用得受清償之必要，按其比例，對於運送物，有留置權。運送人於運費債權已屆清償期未受清償時，得留置占有運送物（海商法第5條；民法第647條第1項、第928條第1項）。

海上運送人係為保全其運費等受清償而行使留置權，自須以運送人運費等債權之發生與該運送物有牽連關係者為限，始得為之[11]。而運送人行使留置權時，載貨證券之持有人不得對抗運送人。

貳、運送人之義務（92司法官；106高考三級法制）

一、推定過失責任

海上貨物運送人之過失，海商法係採推定之過失責任主義。是關於運送人之責任，僅須運送物有喪失、毀損情事，經託運人或受貨人證明屬實，是運送人應證明如後事項，始得免責：（一）運送物之喪失、毀損，有海商法之免責事由；（二）貨物之裝卸、搬移、堆存、保管、運送、看守，已盡必要注意及處置；（三）船艙及其他供載運貨物部分，適合於受載、運送與保存。準此，運送人未證明上揭事項時，不問其喪失、毀損之原因，是否係可歸責於運送人之事由，運送人均應負法律上或契約之責任[12]。

---

[10] 臺灣高等法院92年度海商上字第2號民事判決。
[11] 最高法院98年度台上字第1180號民事判決。
[12] 最高法院98年度台上字第2482號民事判決。

二、船舶應具備勘航能力之義務（107律師；109司律）

（一）義務內容

運送人或船舶所有人於發航前及發航時，對於下列事項，應爲必要之注意及措置（海商法第62條第1項）：1.使船舶有安全航行之能力；2.配置船舶相當船員、設備及供應；3.使貨艙、冷藏室及其他供載運貨物部分適合於受載、運送與保存。再者，船舶於發航後因突失航行能力所致之毀損或滅失，運送人不負賠償責任（第2項）。運送人或船舶所有人爲免除前開責任之主張，應負舉證之責（第3項）。

準此，運送人或船舶所有人於發航前及發航時，應盡相當注意義務，使船舶具備適航性，此爲基本義務。倘運送人或船舶所有人於上揭期間，未盡該基本義務，自不得主張海商法第69條各款之免責事由[13]。

（二）船舶之安全航行能力

船舶是否具有安全航行之能力（seaworthiness），應依該船舶是否具備適於航行之結構強度、船舶穩度與推進機器或工具及設備有無經檢查合格等情形認定之（船舶法第23條第2項、第3項）[14]。船舶有無安全航行之能力，其爲事實問題，雖不得因船舶曾經依船舶法第26條規定爲定期檢查，逐謂船舶之適航性絕無問題。惟船舶經航政主管機關施行檢查，其檢查結果，當事人自得以之爲證據方法而主張之[15]。

三、貨物管理之義務（108司律）

運送人對於承運貨物之裝載、卸載、搬移、堆存、保管、運送及看守，應爲必要之注意及處置（海商法第63條）。倘運送人未盡必要之注意及處置，縱使運送契約或載貨證券有記載運送人之免責規定，仍不生效力（海商法第61條）。

---

[13] 最高法院108年度台上字第615號民事判決。
[14] 最高法院91年度台上字第1090號民事判決。
[15] 臺灣高等法院86年度海商上字第12號民事判決。

四、載貨證券之義務

運送人或船長於貨物裝載後，因託運人之請求，應發給載貨證券（海商法第53條）[16]。載貨證券之發給人，對於依載貨證券所記載應為之行為，均應負責（海商法第74條第1項）。前開發給人，對於貨物之各連續運送人（several successive carriers）之行為，應負保證之責。但各連續運送人，僅對於自己航程中所生之毀損滅失及遲到負其責任（第2項）。準此，我國海商法關於載貨證券記載文義之效力，是用文義責任主義，運送人應按其簽發之載貨證券文義，對受貨人負其責任，不得以運送契約或其他反證，予以推翻[17]。

五、貨物運達通知之義務

貨物運達後，運送人或船長應即通知託運人指定之應受通知人或受貨人（海商法第50條）。故為維持航運商業秩序，凡貨物運達目的港後，運送人均應通知託運人所指定之受通知人（notify party），倘託運人無指定應受通知人，應通知受貨人，以應實際需要。

六、拒絕運送禁運與偷運貨物之義務

運送人知悉貨物為違禁物（contraband）或不實申報物者，應拒絕載運。其貨物之性質足以毀損船舶或危害船舶上人員健康者亦同。但為航運或商業習慣所許者，不在此限（海商法第64條第1項）。運送人知悉貨物之性質具易燃性、易爆性或危險性，並同意裝運後，倘此貨物對於船舶或貨載有危險之虞時，運送人得隨時將其起岸、毀棄或使之無害，運送人除由於共同海損者外，不負賠償責任（第2項）。

七、甲板運送之責任

原則上運送人或船長將貨物裝載於甲板上時，致生毀損或滅失

---

[16] 最高法院105年度台上字第105號民事判決。

[17] 海商法第60條第1項準用民法第627條規定：提單填發後，運送人於提單持有人間，關於運送事項，依其提單之記載。

時，應負賠償責任（海商法第73條本文）。例外情形，係經託運人之
同意並載明於運送契約或航運種類或商業習慣所許者，不在此限（但
書）。因運送人對於承運貨物之裝卸、搬移、堆存、保管、運送及看
守，應為必要之注意及處置，係運送人應盡注意義務（海商法第63
條）。貨物裝載於甲板時，對於第63條所定之注意義務，運送人仍應遵
守，不得免除。縱以運送契約約定，運送人對甲板裝載之貨物，致生毀
損或滅失時，不負賠償責任。然不盡該注意義務，應屬無效（海商法第
61條）[18]。準此，運送人就貨物裝載於甲板上時，致生毀損或滅失時，
仍應負賠償責任[19]。

八、連續運送

連續運送同時涉及海上運送及其他方法之運送者，其海上運送部
分適用本法之規定。貨物毀損滅失發生時間不明者，推定其發生於海上
運送階段（海商法第75條）。此法律上推定之事實，依民事訴訟法第
281條規定之舉證責任分配原則，主張之一造於否認之他造提出反證推
翻前，無庸舉證。運送契約涉及陸上與海上之運送，倘當事人就運送契
約之標的物，所發生毀損之時間有爭執，應由否認運送契約之標的物之
毀損，並非發生在海上運送階段之當事人，首先提出反證推翻推定之事
實。倘否認之當事人未提出反證證明，即可推定運送標的物之毀損其發
生於海上運送階段，應適用海商法之規定[20]。

參、運送人之責任範圍（104、107律師；107高考三級法制）

一、原　則

除貨物之性質及價值於裝載前，已經託運人聲明，並註明於載貨

---

[18] 海商法第61條規定：以件貨運送為目的之運送契約或載貨證券記載條款、條件
或約定，以減輕或免除運送人或船舶所有人，對於因過失或本章規定應履行之
義務而不履行，致有貨物毀損、滅失或遲到之責任者，其條款、條件或約定不
生效力。
[19] 最高法院71年台上字第290號民事判決。
[20] 最高法院109年度台上字第688號民事判決。

證券者外，運送人或船舶所有人對於貨物之毀損滅失，其賠償責任，以每件「特別提款權666.67單位」或每公斤「特別提款權2單位」計算所得之金額，兩者較高者為限，係為單位責任限制（海商法第70條第2項）[21]。前開所稱件數，係指貨物託運之包裝單位。其以貨櫃（container）、墊板或其他方式併裝運送者，應以載貨證券所載其內之包裝單位為件數。但載貨證券未經載明者，以併裝單位為件數。其使用之貨櫃由託運人提供者，貨櫃本身得作為一件計算（第3項）。

二、例　外

由於運送人或船舶所有人之故意或重大過失（intentional or gross negligent acts）所發生之毀損或滅失，運送人或船舶所有人不得主張本法第70條第2項單位限制責任之利益（海商法第70條第4項）。

肆、運送人之免責事由（92律師）

一、一般規定

（一）託運人故意虛報貨物之性質或價值

託運人於託運時故意虛報貨物之性質或價值，運送人或船舶所有人對於其貨物之毀損或滅失，不負賠償責任（海商法第70條第1項）。所謂虛報，係指所報貨物之性質或價值與事實不符。

（二）救助海上人命、財產或因其他正當理由偏航

為救助或意圖救助海上人命、財產，或因其他正當理由偏航者，不得認為違反運送契約，具有法定免責事由，是其因而發生毀損或滅失時，船舶所有人或運送人不負賠償責任（海商法第71條）。

（三）未經船長或運送人之同意裝載者

貨物未經船長或運送人之同意而裝載者，運送人或船舶所有人，對於其貨物之毀損或滅失，不負責任（海商法第72條）。因非屬運送契約之範圍，應由擅自裝載者負責。

---

[21] 最高法院103年度台上字第578號民事判決。

二、列舉事由（108、109司律）

（一）法定免責事由

　　海上運送風險較大，故運送人或船舶所有人就其承運之貨物，除有單位責任限制外（海商法第70條），亦有規範法定免責事由。因下列事由所發生之毀損或滅失，運送人或船舶所有人不負賠償責任（海商法第69條）：1.船長、海員、引水人或運送人之受僱人，於航行或管理船舶之行為而有過失，此為航行指揮與船舶管理之免責條款；2.海上或航路上之危險、災難或意外事故；3.非由於運送人本人之故意或過失所生之火災，此為火災之免責條款；4.天災；5.戰爭行為；6.暴動；7.公共敵人之行為；8.有權力者之拘捕、限制或依司法程序之扣押；9.檢疫限制；10.罷工或其他勞動事故；11.救助或意圖救助海上人命或財產；12.包裝不固[22]；13.標誌不足或不符；14.因貨物之固有瑕疵、品質或特性所致之耗損或其他毀損滅失；15.貨物所有人、託運人或其代理人、代表人之行為或不行為；16.船舶雖經注意仍不能發現之隱有瑕疵；17.其他非因運送人或船舶所有人本人之故意或過失及非因其代理人、受僱人之過失所致者。12.至14.為貨物管理之免責條款。例如，運送人已盡海商法第62條、第63條之運送人注意義務[23]，依海商法第69條第12款、第15款及第17款規定，不負損害賠償責任[24]。

（二）海商法第69條第15款之免責要件

　　因貨物所有人、託運人或其代理人、代表人之行為或不行為，所發生之毀損或滅失，運送人或船舶所有人不負賠償責任（海商法第69條第15款）。係指貨物之毀損或滅失係可歸責於貨物所有人、託運人或其代

---

[22] 最高法院108年度台上字第308號民事裁定。

[23] 海商法第62條規定：運送人或船舶所有人於發航前及發航時，對於下列事項，應為必要之注意及措置：1.使船舶有安全航行之能力；2.配置船舶相當船員、設備及供應；3.使貨艙、冷藏室及其他供載運貨物部分適合於受載、運送與保存。船舶於發航後因突失航行能力所致之毀損或滅失，運送人不負賠償責任。運送人或船舶所有人為免除前項責任之主張，應負舉證之責。第63條規定：運送人對於承運貨物之裝載、卸載、搬移、堆存、保管、運送及看守，應為必要之注意及處置。

[24] 最高法院102年度台上字第2497號民事裁定。

理人、代表人之行為或不行為，而運送人或船舶所有人無故意或過失之情形而言[25]。

三、件貨運送或載貨證券之免責條款效力（107律師；109司律）

（一）無效約定或條件

以件貨運送為目的之運送契約或載貨證券記載條款、條件或約定，以減輕或免除運送人或船舶所有人，對於因過失或本章規定應履行之義務而不履行，致有貨物毀損、滅失或遲到之責任者，其條款、條件或約定不生效力（海商法第61條）[26]。準此，海上貨物運送人，其於貨載有毀損滅失之事實時，依法應負損害賠償責任，必須證明其就運送貨物義務之履行無過失，始可主張免責[27]。

（二）有效約定或條件

就海商法第61條規定之反面解釋，倘載貨證券記載條款、條件或約定，非係免除運送人或船舶所有人對於因過失或海商法規定應履行之義務而不履行者，自屬有效。而載貨證券持有人依載貨證券行使權利，所生之法律關係自應同依其所載文義決之。準此，載貨證券背面所記載有關準據法之約款，對於託運人、運送人及載貨證券持有人，均有拘束力[28]。

（三）準據法之約款

載貨證券持有人係據該證券行使權利，關於準據法，自應依該證券所載有關準據法文義決之，以維持法律適用之明確及一致性。準此，是載貨證券背面所記載有關準據法之約款，對於託運人、運送人及載貨證券受讓人或持有人，應均有拘束力[29]。

---

[25] 最高法院107年度台上字第1050號民事判決。
[26] 最高法院106年度台上字第418號民事判決。
[27] 司法院第三期司法業務研究會，民事法律專題研究（二），頁455至457。
[28] 最高法院108年度台上字第980號民事判決。
[29] 最高法院108年度台上大字第980號民事裁定。

伍、對履行輔助人之責任（90司法官；104律師；107高考三級法制）

一、履行輔助人

　　所謂履行輔助人，係指依照運送人之指示，輔助運送人履行債務者。其包括受僱人、代理人、獨立承攬人及輔助履行運送契約者等。債務人之代理人或使用人，關於債之履行有故意或過失時，債務人應與自己之故意或過失負同一責任。但當事人另有訂定者，不在此限（民法第224條）[30]。

二、喜馬拉雅條款

　　所謂喜馬拉雅條款，係指履行輔助人得同享運送人之抗辯及利益。有關運送人因貨物滅失、毀損或遲到對託運人或其他第三人所得主張之抗辯及責任限制之規定，對運送人之代理人或受僱人亦得主張之。但經證明貨物之滅失、毀損或遲到，係因代理人或受僱人故意或重大過失所致者，不在此限（海商法第76條第1項）。前項規定，對從事商港區域內之裝卸、搬運、保管、看守、儲存、理貨、穩固、墊艙者，亦適用之（第2項）。所謂商港區域，係指劃定商港界限以內之水域與爲商港建設、開發及營運所必需之陸上地區（商港法第3條第4款）。託運人與運送人簽訂之海上運送契約，除已就陸上運送階段部分之責任爲特別約定，而於該階段發生事故時適用該特別約定外，依當事人之本意，自無另於海商法外，再適用其他陸上運送法規以定海上運送人責任之餘地。例如，兩造間爲海上運送契約，依上開規定，自應優先適用海商法第56條第2項規定，貨物之全部或一部毀損、滅失者，自貨物受領之日或自應受領之日起，1年內未起訴者，運送人或船舶所有人解除其責任。自無再適用民法規定之請求權消滅時效[31]。

---

[30] 最高法院101年度台上字第1157號民事判決。
[31] 最高法院108年度台上字第2131號民事判決。

陸、民法物品運送之適用

一、民法第623條之適用

關於物品之運送，因喪失、毀損或遲到而生之賠償請求權，自運送終了，或應終了之時起，1年間不行使而消滅（民法第623條；海商法第5條）。係爲儘速完結當事人間之關係所特別規定之短期時效，爲貫徹立法意旨，並平衡當事人之利益，債權人對債務人縱係依侵權行爲之規定請求賠償，仍應受上開特別規定之短期時效限制[32]。

二、民法第634條之適用

海上貨物運送人對於運送貨物之喪失、毀損或遲到應負責任（民法第634條；海商法第5條）。故託運人或受貨人，只須證明運送物有喪失、毀損或遲到之情事，即得請求海上貨物運送人負責；倘海上貨物運送人欲免除其責任，應就其已盡其法定注意、處置及措置義務（海商法第62條、第63條），仍難免發生，或有法定免責事由之事實，負舉證責任[33]。

三、民法第635條之適用

運送物因包皮有易見之瑕疵而喪失或毀損時，倘運送人於接收該物時，不爲保留者，應負責任（民法第635條）。海商法並無此規定，依海商法第5條可知，民法第635條規定於海商事件亦有適用。所謂保留，係指須明確具體指出運送物包皮易見之瑕疵情形，始足當之。倘載貨證

---

[32] 最高法院105年度台上字第36號民事判決。

[33] 最高法院102年度台上字第1815號民事判決。
　　海商法第62條規定：運送人或船舶所有人於發航前及發航時，對於下列事項，應爲必要之注意及措置：1.使船舶有安全航行之能力；2.配置船舶相當船員、設備及供應；3.使貨艙、冷藏室及其他供載運貨物部分適合於受載、運送與保存。船舶於發航後因突失航行能力所致之毀損或滅失，運送人不負賠償責任。運送人或船舶所有人爲免除前項責任之主張，應負舉證之責。第63條規定：運送人對於承運貨物之裝載、卸載、搬移、堆存、保管、運送及看守，應爲必要之注意及處置。

券記載對棧板內貨物之包裝及數量不負責任等語,並未具體指出貨物包皮有何易見之瑕疵,自不該當於該條所稱之保留陳述。例如,貨物吊耳外露未妥適包覆,而有包裝不固情形,因致鏽損,倘係易見之瑕疵,運送人於接收貨物時,未為保留,即應負責任,不適用海商法第69條第12款之免責規定[34]。

四、民法第638條之適用

運送物有喪失、毀損或遲到者,其損害賠償額,應依其應交付時目的地之價值計算之。運費及其他費用,因運送物之喪失、毀損,無須支付者,應由前項賠償額中扣除之(海商法第5條;民法第638條第1項、第2項)。所謂交付時目的地之價值,係指到達目的地港貨物完好之市價而言,包括成本、保險、運費、關稅、管理費用及合理利潤。衡諸常情,出口貨物至目的地港之銷售價格,係以在國內購買之成本加上運費、關稅費用、應有利潤,作為計算基礎[35]。例如,運送人應就其承運之滅失貨物應負損害賠償責任時,喪失貨物有應交付時目的地之價值與離岸價格,依據民法第638條第1項規定,以應交付時目的地之價值,作為計算損害賠償額之標準[36]。除貨物之性質及價值於裝載前,已經託運人聲明並註明於載貨證券者外,運送人或船舶所有人對於貨物之毀損滅失,其賠償責任,以每件特別提款權666.67單位或每公斤特別提款權2單位計算所得之金額,兩者較高者為限(海商法第70條第2項)。是海商法第70條第2項規定,係運送人之賠償最高限額,其於民法第638條之適用不生影響[37]。

五、民法第664條之適用

就運送全部約定價額,或承攬運送人填發提單於委託人者,視為承攬人自己運送,不得另行請求報酬(民法第664條)。準此,承攬運送

---

[34] 最高法院106年度台上字第71號民事判決。
[35] 最高法院98年度台上字第31號民事判決。
[36] 最高法院109年度台上字第3263號民事判決。
[37] 最高法院100年度台上字第1975號民事判決。

人與託運人就運送全部約定價額，或承攬運送人填發提單於委託人，即應視爲承攬人自己運送，除不得另行請求報酬外，其權利義務均與運送人相同[38]。

六、海上貨運單

所謂海上貨運單（sea waybill），係指1977年國際海運協會將其定義爲不得轉讓之單據，爲海上貨物運送契約與接收、裝載貨物之證明，運送人負有將貨物交付其上所載受貨人之義務。其與一般海運提單即載貨證券有別，並非物權證券，僅是託運人與運送人間之契約[39]。

七、電報放貨

所謂電報放貨，係指託運人向運送人申請並提出保證書後，由運送人或其代理人以電報通知目的港代理，將貨物無需憑載貨證券正本放貨，受貨人可憑蓋有受貨人公司章之電報放貨通知單，換取小提單（Delivery Order, D/O），藉以結關提貨之運作方式。做法上係由託運人將其領取之全套提單正本繳還運送人，或不交付提單正本，僅由託運人持有提單副本，抑或是於運送物上船後，而於提單正本加蓋「SURRENDERED」戳記，由運送人傳眞其目的港之分支機構或其代理人以憑交貨，而由託運人切結表明委請運送人拍發電報通知目的港之分支機構或其代理人，將貨物交給提單上所指定之受貨人，受貨人無須提示提單正本亦得請求交付貨物[40]。

---

[38] 最高法院104年度台上字第426號民事判決。

[39] 最高法院102年台上字第346號民事判決。

[40] 最高法院102年台上字第346號民事判決。

民法第625條規定：運送人於收受運送物後，因託運人之請求，應填發提單。提單應記載下列事項，並由運送人簽名：1.託運人之姓名及住址；2.運送物之種類、品質、數量及其包皮之種類、個數及記號；3.目的地；4.受貨人之名號及住址；5.運費之數額及其支付人爲託運人或爲受貨人；6.提單之填發地及填發之年月日。

柒、案例解析

一、案例3解析 ── 運送人之注意義務與倉庫之法律地位

（一）運送人之注意義務（108司律）

受貨人受領運送物並支付運費及其他費用不為保留者，運送人之責任消滅（民法第648條第1項）。運送物內部有喪失或毀損不易發見者，以受貨人於受領運送物後，10日內將其喪失或毀損通知於運送人為限，不適用前項規定（第2項）。運送物之喪失或毀損，如運送人以詐術隱蔽，或因其故意或重大過失所致者，運送人不得主張前開規定之利益（第3項）。運送人對於承運貨物之裝載、卸載、搬移、堆存、保管、運送及看守，應為必要之注意及處置（海商法第63條）。準此，在貨物未交付受貨人之前，運送人應盡善良管理人之注意義務（care of a good administrator）。

（二）倉庫之法律地位（91高考；106高考三級法制）

貨物卸載後寄倉之場合，究以進倉時視為貨物交付時，或以受貨人或其受任人實際領取貨物時，始為貨物交付時，應視該倉庫（warehouse）之法律地位而定。關於倉庫之法律地位，海商法並無明文規定，依據法理推論如後：

1. 倉庫為運送人所有

倉庫為運送人所有者，此時之倉庫應視為船舶之延長，貨物之進倉不得視為貨物之交付，貨物必須俟受貨人或其受任人實際為領受時，始得認為交付。故未交付前，運送人對於承運貨物，仍應負海商法第63條規定，應為必要之注意及處置之義務。

2. 依據受貨人或其受任人之指示者

貨物之寄倉係依受貨人或其受任人之指示者，此時之倉庫應視為受貨人之代理人，貨物於進倉寄存之時，即已發生交付之效力，貨物寄倉期間之危險，自當由受貨人負擔。

3. 寄倉係根據當地法令之規定

貨物之寄倉係依據當地法令之規定時，貨物寄倉中之危險，亦應由受貨人負擔之。準此，倉庫應視為受貨人之代理人（agent），而非船

舶之延長[41]。例如，當地之海關倉庫。

（三）危險負擔由受貨人負擔

　　我國出口商甲將所有之貨物一批與A輪船公司運送至美國，A輪船公司並簽發載貨證券交與甲，該貨物運至美國後，卸載於當地海關倉庫，係依據法令規定寄存，視為A輪船公司已交付貨物，危險負擔應由受貨人負擔。職是，美國進口商乙偽造載貨證券而領取貨物，甲不得向A輪船公司求償。

二、案例4解析──運送人或船舶所有人之責任

（一）船舶管理之過失不負責任原則

　　運送人或船舶所有人，船長、海員、引水人或運送人之受僱人，因於航行或管理船舶之行為而有過失，所發生之毀損或滅失，不負賠償責任（海商法第69條第1款）。此為運送人或船舶所有人，對船舶管理上之過失不負責任之原則。因運送人於船舶發航前及航行中，對於使船舶有安全航行之能力與配置相當海員，應為必要之注意及措置，此為堪航能力之擔保（海商法第62條）。而船舶航行海上，權操船長海員之手，倘已盡堪航能力擔保之義務，如屬海員航行中管理船舶有過失，加以貨載之損失，自可特予免責。依案例4所示，因海員之處置不當，致鍋爐爆裂，致船舶起火焚燬貨載，按海商法第69條第1款規定，運送人自可不負賠償責任。

（二）貨物保管之過失

　　運送人對於承運貨物之裝卸、搬移、堆存、保管、運送及看守，應為必要之注意及處置（海商法第63條）。此為對於貨物保管之注意義務，該商業上之注意義務，應為必要之注意及處置，自應盡善良管理人之注意義務，倘有違反者，應負抽象之過失責任。因經營航運業，屬商業行為，應就其商業上過失行為負其責任。依案例4所示，海員因捆紮貨載欠牢，致僅通常風浪即發生貨載移動，造成船舶傾斜，進水漫延毀損承運貨物，自屬貨物保管之過失，依海商法第69條第17款後段之反面

---

[41] 最高法院77年度台上字第1963號民事判決。

解釋，運送人應負賠償責任[42]。

三、案例5解析——貨物裝載於甲板之責任

運送人對於承運貨物之裝卸、搬移、堆存、保管、運送及看守，應為必要之注意及處置，此為運送人之基本注意義務（海商法第63條）。運送人或船長將貨物裝載於甲板上時，致生毀損或滅失時，原則上應負賠償責任（海商法第73條本文）。例外情形，係經託運人之同意、航運種類或商業習慣所許者，不負賠償責任[43]。依案例5所示，經託運人同意裝載於甲板上，運送人或船長就該項貨物之毀損或滅失，未違反注意責任，不負賠償責任。準此，運送人之抗辯為有理由，應為原告敗訴之判決[44]。

四、案例6解析——海商法第69條第8款之要件

因有權力者之拘捕、限制或依司法程序之扣押所發生之毀損或滅失，運送人或船舶所有人雖不負賠償責任（海商法第69條第8款）。惟拘捕、限制、扣押係因可歸責於運送人之事由所致，運送人不得主張免責。債務人之代理人或使用人關於債之履行有故意或過失時，債務人應與自己之故意或過失負同一責任（民法第224條前段）。故於有權力者之拘捕、限制、扣押，係因運送人之代理人或使用人之故意、過失行為所致者，運送人不得依海商法第69條第8款規定主張免責。如案例6所示，運送人委任甲公司選任之報關公司，因其作業疏失之故，導致運送人所承運之貨物，遭大陸地區海關扣押致不能完成運送，而該貨物滅失之原因，發生於商港區域，應適用海商法。運送人因其代理人甲公司與報關公司之過失，導致承運之貨物遭扣押，可知該貨物滅失係因運送人之代理人履行債務過失所致，運送人應與自己過失負同一責任，不得依海商法第69條第8款規定為免責之抗辯[45]。

---

[42] 司法院第三期司法業務研究會，民事法律專題研究（二），頁445至447。
[43] 最高法院66年度台上字第2053號、71年台上字第290號民事判決。
[44] 司法院第三期司法業務研究會，民事法律專題研究（二），頁467至469。
[45] 最高法院107年度台上字第806號民事判決。

第三項　託運人

案例7

> 　　甲將A牌車輛600輛交與乙輪船股份有限公司託運，因甲之過失將交運之車輛誤通知為668輛，乙輪船公司據此發給載貨證券與甲，甲將之背書轉讓與丙。試問丙依據載貨證券之記載請求乙輪船公司交付A牌車輛668輛，是否有理？

壹、託運人之權利

一、請求運送權

　　以船舶之全部於一定時期內供運送者，託運人僅得以約定或以船舶之性質而定之方法，使運送人發航，並為其運送貨物（海商法第46條）。例如，託運人與運送人約定以全部傭船契約或一部傭船契約運送貨物（海商法第43條、第44條）。

二、請求發給載貨證券

　　託運之貨物經運送人或船長裝載後，託運人（sender）有請求發給載貨證券之權利（海商法第53條）。載貨證券雖為運送人或船長單方所簽發者，然係因託運人之請求而為，基於海運實務及載貨證券之流通性，載貨證券持有人係據該證券行使權利，載貨證券上事先印就之制式記載，性質上屬定型化契約條款，除有顯失公平應認為無效之情形外，對託運人、運送人及載貨證券持有人均生拘束力（民法第247條之1）[46]。

---

[46] 最高法院105年度台上字第105號民事判決。

貳、託運人之義務

一、遵期裝卸貨物之義務

以船舶之全部或一部供運送者，運送人於船舶完成裝貨或卸貨準備時，得簽發裝貨或卸貨準備完成通知書，除使託運人知悉貨物運送現況外，託運人對該通知之期間應遵守之（海商法第52條第1項）。

二、合理補償之義務

裝卸期間自運送人通知送達之翌日起算，期間內不工作休假日及裝卸不可能之日不算入。但超過合理裝卸期間者，船舶所有人得按超過之日期，請求合理之補償（海商法第52條第2項）。前開超過裝卸期間，休假日及裝卸不可能之日，亦算入併計（第3項）。

參、託運人之責任

一、應負責事由

託運人對於交運貨物之名稱、數量，或其包裝之種類、個數及標誌之通知，應向運送人保證其正確無訛，其因通知不正確所發生或所致之一切毀損、滅失及費用，由託運人負賠償責任（海商法第55條第1項）。運送人不得以前開託運人應負賠償責任之事由，對抗託運人以外之載貨證券持有人，以保護載貨證券之持有人（第2項）。

二、免責事由

運送人或船舶所有人所受之損害，非由於託運人本人或其代理人受僱人之過失所致者，託運人不負賠償責任（海商法第57條）。反之，由於託運人本人或其代理人受僱人之過失所致者，託運人應負賠償責任。

肆、運費之負擔

一、發生事故時

（一）因不可抗力而運回貨物

船舶發航後，因不可抗力（force majeure）不能到達目的港而將原裝貨物運回時，縱其船舶約定為去航及歸航之運送，託運人僅負擔去航運費（海商法第66條）。運送契約具有承攬性質，除法律另有規定外，運送人應在目的地處於得交付運送物之狀態，始得請求運費。而海商法第66條規定，屬法律另有規定情形。例如，航程傭船契約於約定時間業經履行，因不可抗力而契約目的不達，運送人該次航程之運送義務消滅，去航運費之危險由託運人負擔，以簡化法律關係。倘託運人將貨物轉由其他運送人運送，所生之新運費本應自行負擔，不得向原運送人請求賠償[47]。

（二）因海上事故而提前取貨

船舶在航行中，因海上事故（maritime casualty）而須修繕時，此為不可歸責於運送人之事由，倘託運人於到達目地港前提取貨物者，應付全部運費之義務，不得請求減免運費（海商法第67條）。

（三）遭難或不能航行而轉運

船舶在航行中遭難或不能航行，而貨物仍由船長設法運到目地港時，如其運費較低於約定之運費者，託運人減支兩運費差額之半數（海商法第68條第1項）。倘新運費等於約定之運費，託運人不負擔任何費用，而新運費較高於約定之運費，其「增高額」由託運人負擔之（第2項）。

（四）船舶可使用期間

以船舶之全部於一定時期內供運送者，託運人僅就船舶可使用之期間，負擔運費（海商法第47條第1項本文）。因船舶不可使用之期間，此為不可歸責於託運人之事由，運送人自不得請求運費。

---

[47] 最高法院108年度台上字第615號、110年台上字第1794號民事判決。

（五）因航行事變導致船舶停止

因航行事變所生之停止，仍應繼續負擔運費（海商法第47條第1項但書）。前開船舶之停止，係因運送人或其代理人之行爲或因船舶之狀態所致者，託運人不負擔運費，倘有損害，並得請求賠償（第2項）。

（六）船舶行蹤不明時

船舶行蹤不明時（missing cargo），託運人以得最後消息之日爲止，負擔運費之全部，並自最後消息後，以迄於該次航行通常所需之期間應完成之日，負擔運費之半數（海商法第47條第3項）。

二、貨物卸裝時

以船舶之全部或一部供運送者，託運人所裝載貨物，不及約定之數量時，原則上應負擔「全部之運費」。例外情形，應扣除船舶因此所「減省費用之全部」、因另裝貨物所取得運費四分之三（海商法第48條）。

三、解除契約時

（一）全部傭船契約

以船舶之全部供運送時，託運人於發航前得解除契約。但應支付運費三分之一，其已裝載貨物之全部或一部者，並應負擔因裝卸所增加之費用（海商法第43條第1項）。倘爲往返航程之約定者，託運人於返程發航前要求終止契約時，應支付運費三分之二（第2項）。

（二）一部傭船契約

以船舶之一部供運送時，託運人於發航前，非支付其運費之全部，不得解除契約。倘託運人已裝載貨物之全部或一部者，並應負擔因裝卸所增加之費用及賠償加於其他貨載之損害（海商法第44條第1項）。倘託運人均爲契約之解除者，各託運人應僅負全部傭船契約之責任（第2項）。託運人因解除契約，應付全部運費時，得扣除運送人因此減省費用之全部，及另裝貨物所得運費四分之三（海商法第49條）。

伍、案例7解析——託運人之責任

　　託運人對於交運貨物之名稱、數量，或其包裝之種類、個數及標誌之通知，應向運送人保證其正確無訛，其因通知不正確所發生或所致之一切毀損、滅失及費用，由託運人負賠償責任（海商法第55條第1項）。運送人不得以前開託運人應負賠償責任之事由，對抗託運人以外之載貨證券持有人（第2項）。準此，甲將A牌車輛600輛交與乙輪船公司託運，因甲之過失將交運之車輛誤通知為668輛，A輪船公司據此發給載貨證券與甲，甲將之背書轉讓與丙，丙自得依據載貨證券之記載請求乙輪船公司交付A牌車輛668輛，運送人乙輪船公司僅得另向託運人甲請求損害賠償。

第四項　受貨人

案例8

> 　　出口商甲將貨物一批交與A輪船股份有限公司運送至日本，該公司簽發載貨證券與甲，甲將載貨證券背書轉讓與日本之進口商乙。該批貨物運至日本之目的港時發生部分毀損，乙於2020年1月1日受領貨物。試問如後情形，乙得否向A輪船公司請求損害賠償？（一）乙於提貨當時，以口頭將毀損情形通知A輪船公司知悉。（二）乙於提貨當時，曾以書面將毀損情形通知A輪船公司，其嗣後於2021年2月1日起訴請求A輪船公司賠償。

壹、受貨人之權利

一、貨物受領權

（一）運送契約

　　貨物經有受領權利人受領，視為運送人已依照載貨證券之記載，交清貨物，此為海上運送人義務消滅之特別原因（海商法第56條第1項）。所稱受領權利人，在運送人或船長未簽發載貨證券之情形，受貨

人在一定要件下，可爲受領權利人。詳言之，託運人對於運送人，因運送契約（contract of carriage）所生之權利，須於運送物達到目的地，並經受貨人請求交付後，受貨人即取得其權利，而爲受領權利人（民法第644條）[48]。

（二）載貨證券

載貨證券具有換取、繳還或物權移轉證券之性質，運送貨物，經發給載貨證券者，貨物之交付，須憑載貨證券爲之。故在簽發記名式載貨證券之情形，載貨證券上所記載之受貨人，並非當然爲海商法第56條第1項所稱之有受領權利人，必該受貨人兼持有載貨證券始得成爲有受領權利人，運送人亦須交付貨物與該有受領權利人後，其貨物交清之責任，始能謂爲終了（海商法第60條第1項；民法第629條、第630條）[49]。

二、損害賠償請求權

（一）成立要件

原則上貨物經有受領權利人受領，推定運送人已依照載貨證券之記載，交清貨物（海商法第56條第1項本文）。例外情形，即有下列情事之一者，不在此限：1.提貨前或當時，受領權利人已將毀損滅失情形，以書面通知運送人者；2.提貨前或當時，毀損滅失經共同檢定，作成公證報告書者（survey report）；3.毀損滅失不顯著而於提貨後3日內，以書面通知運送人者；4.在收貨證件上註明毀損或滅失者（第1項但書）。所謂書面通知（written notice），並無一定格式。例如，當地港務局之出貨報告，而該出貨報告上，並經港口理貨人員、海關人員及當事人之代理人共同簽章，自可認爲已有書面通知[50]。

（二）短期消滅時效

貨物之全部或一部毀損、滅失者，自貨物受領日或自應受領日

---

[48] 最高法院87年度台上字第2067號民事判決。

[49] 最高法院97年度台上字第1669號、109年台上字第1909號民事判決。

[50] 最高法院69年度台上字第971號民事判決。

起，1年內未起訴者，運送人或船舶所有人解除其責任（海商法第56條第2項）。該短期消滅時效於貨物全部滅失之情形，亦有適用之列[51]。海商法第56條第1項但書，均係針對運送貨物在物理上有毀損或滅失者為規定，未包括在物理上仍存在而完好，僅在法律上失其所有權之情形。適用海商法第56條第2項規定解除運送人或船舶所有人責任時，應將適用範圍限於貨物在運送期間發生物理上全部或一部毀損、滅失之情形。不包括貨物已到達目的港並卸載完畢，因不當交付運送契約或載貨證券指定之受貨人或載貨證券持有人等以外第三人所生之損害賠償請求[52]。

貳、受貨人之義務

一、遵期裝卸貨物之義務

貨物運達後，運送人或船長應即通知託運人指定之應受通知人或受貨人（海商法第50條）。以船舶之全部或一部供運送者，運送人於船舶完成裝貨或卸貨準備時，得簽發裝貨或卸貨準備完成通知書，受貨人對該通知期間應遵守之（海商法第52條第1項）。

二、合理補償之義務

裝卸期間自運送人通知送達之翌日起算，期間內不工作休假日及裝卸不可能之日不算入。但超過合理裝卸期間者，船舶所有人得按超過之日期，請求合理之補償（海商法第52條第2項）。前開超過裝卸期間，休假日及裝卸不可能之日，亦算入之（第3項）。

三、受貨人怠於受領貨物

受貨人怠於受領貨物時，運送人或船長得以受貨人之費用，將貨物寄存於港埠管理機關或合法經營之倉庫，並通知受貨人（海商法第51條第1項）。所謂受貨人怠於受領貨物，係指受貨人於受通知後，於一

---

[51] 最高法院88年台上字第751號民事判決。
[52] 最高法院102年度台上字第864號民事判決。

定期間並未受領而言，包括因事實上之障礙不能受領[53]。受貨人不明或受貨人拒絕受領貨物時，運送人或船長得依前開之規定辦理，並通知託運人及受貨人，以解免交付貨物責任（第2項）。運送人對於前開貨物有下列情形之一者，得聲請法院裁定准予拍賣，於扣除運費或其他相關之必要費用後提存其價金之餘額：（一）不能寄存於倉庫；（二）有腐壞之虞；（三）顯見其價值不足抵償運費及其他相關之必要費用（第3項）。

參、案例8解析──受貨人之損害賠償請求權

一、成立要件

貨物經有受領權利人受領，推定運送人已依照載貨證券之記載，交清貨物。而提貨前或當時，受領權利人已將毀損滅失情形，以書面通知運送人者（海商法第56條第1項第1款）。出口商甲將貨物一批交與A輪船公司運送至日本，該公司簽發載貨證券與甲，甲將載貨證券背書轉讓與日本之進口商乙，該批貨物運至日本之目的港時發生部分毀損，乙雖於提貨當時，以口頭將毀損情形通知A輪船公司知悉，惟不符書面通知之法定要件（statutory requirement），其不得向A輪船公司請求損害賠償。

二、短期消滅時效

貨物之全部或一部毀損、滅失者，自貨物受領日或自應受領日起，1年內未起訴者，運送人或船舶所有人解除其責任（海商法第56條第2項）。乙於2020年1月1日受領貨物，並於提貨當時，固以書面將毀損情形通知A輪船公司，惟遲至2021年2月1日始起訴請求A輪船公司賠償。是A輪船公司得以損害賠償請求權已罹於時效（completion of prescription）為由，拒絕賠償之（民法第144條第1項）。

---

[53] 最高法院97年台上字第2026號民事判決。

第五項　載貨證券

案例9

　　甲將散裝之小米一批交與乙海運股份有限公司所有A輪船運送，並約定可將貨物裝載於甲板上。而乙海運公司發給載貨證券時，並未清點貨物重量，僅依據甲所稱重量，即在載貨證券上記載據告重100噸。試問：（一）A輪船到達目的港卸貨時，經秤重為98噸，託運人甲得否請求運送人乙海運公司賠償？（二）A輪船於航行途中，因船長之過失未將貨物捆繫牢固，導致貨物發生毀損，託運人甲得否請求運送人乙海運公司賠償？

案例10

　　甲將100輛車交與乙海運股份有限公司所有A輪船運送，運送契約記載貨物數量100輛車、受貨人丙。運送人乙公司於貨物裝載後，因託運人甲之請求，發給載貨證券。乙公司依照託運人甲書面通知之貨物數量200輛車，載明於發給該載貨證券。試問運送契約與載貨證券記載數量不一致，受貨人丙持載貨證券提貨時，運送人可否以運送契約較少數量之記載，對抗受貨人丙？

壹、載貨證券之定義及功能

一、載貨證券之定義（93、94高考）

　　所謂載貨證券（Bill of Lading, B/L），係指海上運送人（carrier）或船長（shipmaster）於貨物裝載後（loaded），應託運人（sender）之請求，而發給託運人作為受領及處分運送物品之有價證券（海商法第53

條）[54]。載貨證券雖為運送人或船長單方所簽發者，然係因託運人之請求而為，揆以海運實務及載貨證券之流通性，載貨證券持有人係據該證券行使權利，載貨證券上事先印就之制式記載，性質上屬定型化契約條款，除有顯失公平應認為無效之情形外，對託運人、運送人及載貨證券持有人均生拘束力[55]。

二、載貨證券之功能

載貨證券之功能有：（一）為運送契約之證明，具有要式性（海商法第54條）；（二）為收受貨物之收據（海商法第53條）；（三）為表彰運送物所有權之物權證券（海商法第60條；民法第629條）[56]。

貳、載貨證券之特性

一、要式性

載貨證券之作成，由運送人或船長簽名，應具備一定之款式，海商法有規定應記載法定事項，其為要式證券（海商法第54條）。法律行為，不依法定方式者，無效。但法律另有規定者，不在此限（民法第73條）。

二、獨立性

載貨證券所生之法律關係，係獨立於原運送契約之外，運送契約之約定內容，不當然拘束載貨證券之持有人（海商法第60條第1項；民法第627條）。換言之，以船舶之全部或一部供運送為目的之運送契約，另行簽發載貨證券者，運送人與託運人以外載貨證券持有人間之關係，依載貨證券之記載（海商法第60條第2項）。

---

[54] 最高法院105年度台上字第105號民事判決。
[55] 最高法院105年度台上字第105號民事判決。
[56] 最高法院77年度台上字第2535號民事判決。

三、背書性

載貨證券為有價證券，縱為記名式，除有禁止背書之記載者外，均得以背書移轉於他人，故載貨證券原則上具有流通性（海商法第60條第1項；民法第628條）[57]。海運實務上所稱之電報放貨（telex release），係附麗於載貨證券而存在，該提貨之方式，是貨物比載貨證券較早到達目的港時，由託運人提供擔保，繼而由運送人通知其在目的港之代理人，准許受貨人提出電報放貨之通知單，即可換取小提單（D/O），而不須交付載貨證券以提領貨物之方法。電報放貨之通知單，僅為不得轉讓之單據證明，其與已取得物權效力而得以背書轉讓之載貨證券，兩者不同[58]。

四、文義性（93高考）

民法第627條至第630條關於提單之規定，其於載貨證券準用之（海商法第60條第1項）。以船舶之全部或一部供運送為目的之運送契約另行簽發載貨證券者，運送人與託運人以外載貨證券持有人間之關係，依載貨證券之記載（第2項）。是載貨證券填發後，在載貨證券持有人行使權利期間，託運人對運送人依運送契約所得行使之有關權利，處於休止狀態，不得行使。旨在避免運送人遭受雙重請求之衝突[59]。準此，載貨證券簽發後，運送人對於載貨證券持有人應依載貨證券之記載負其責任，是載貨證券為文義證券，不得於載貨證券以外之證明方法，以變更其文義或為之補充。例外情形，運送人與託運人間得以運送契約關係，對抗載貨證券之記載。

五、繳回性

載貨證券具有換取或繳還證券之性質，運送貨物經發給載貨證券者，貨物之交付，應憑載貨證券為之，即使為運送契約所載之受貨人，

---

[57] 最高法院91年度台上字第627號、97年度台上字第1669號民事判決。

[58] 最高法院104年度台上字第643號民事判決。

[59] 最高法院107年度台上字第1050號民事判決。

倘不將載貨證券提出及交還，自不得請求交付運送物（海商法第60條
第1項；民法第630條）[60]。申言之，載貨證券具有換取、繳還或物權移
轉證券之性質，運送貨物，經發給載貨證券者，貨物之交付，應憑載貨
證券為之。故在簽發記名式載貨證券之情形，載貨證券上所記載之受貨
人，並非當然為海商法第56條第1項之有受領權利人，必該受貨人兼持
有載貨證券始得成為有受領權利人，運送人亦須交付貨物與該有受領權
利人後，其貨物交清之責任，始為終了（海商法第60條第1項；民法第
629條、第630條）[61]。

參、載貨證券之發行（94高考）

一、法定應記載事項

載貨證券，應載明下列各款事項，由運送人或船長簽名（海商法第
54條第1項）：（一）船舶名稱；（二）託運人之姓名或名稱；（三）
依照託運人書面通知之貨物名稱、件數或重量，或其包裝之種類、個數
及標誌；（四）裝載港及卸貨港；（五）運費交付；（六）載貨證券之
份數；（七）填發之年月日。

二、任意記載與免責事項

以件貨運送為目的之運送契約或載貨證券記載條款、條件或約
定，以減輕或免除運送人或船舶所有人，對於因過失或本章規定應履行
之義務而不履行，致有貨物毀損、滅失或遲到之責任者，其條款、條件
或約定不生效力（海商法第61條）。反之，海上運送之運送人免責事
由，除海商法有規定外，得在不違反海商法第61條規定，由運送契約
之當事人以特約定之[62]。職是，載貨證券記載條款、條件或約定，非免
除運送人或船舶所有人對於因過失或海商法規定應履行之義務而不履行
者，其條款、條件、約定，應屬有效[63]。

---

[60] 最高法院86年台上字第2509號民事判決。
[61] 最高法院97年度台上字第1669號民事判決。
[62] 最高法院58年度台上字第3092號民事判決。
[63] 最高法院106年度台上字第418號民事判決。

三、不知條款（91律師；93司法官）

依照託運人書面通知之貨物名稱、件數或重量，或其包裝之種類、個數及標誌，倘與所收貨物之實際情況有顯著跡象，疑其不相符合，或無法核對時，運送人或船長得在載貨證券內載明其事由或不予載明（海商法第54條第2項）。載貨證券依託運人之書面記載者，推定運送人依其記載為運送（第3項）。運送人或船長於其發給之載貨證券，就貨物重量為「據告稱」（said to be）或「據告重」（said to weight）之記載者，並無意義，應視為海商法第54條第1項第3款所為之記載，運送人仍有核對載貨證券之義務，負載貨證券上之責任。至於自然損耗及磅差等因素，足以導致重量不符之原因，既無法避免其發生，則卸載之重量，較之載貨證券記載之重量，如有短少者，衡諸之一般情理，在某種範圍內之短少，可認為非因運送人或其代理人、受僱人對於承運貨物之裝卸、搬移、堆存、保管、運送及看守，依海商法第63條規定，應為必要注意及處置，有所欠缺所致者，運送人就該範圍內短少之重量，應不負賠償責任[64]。

四、管轄合意條款

載貨證券係運送人或船長於貨物裝載後，應託運人之請求，由運送人或船長單方簽發之證券，載貨證券上雖有「管轄合意條款」記載，然此為運送人或船長單方所為之意思表示，除有其他情事足認有合意外，不能單憑該項記載，認雙方當事人已有管轄之合意[65]。

---

[64] 最高法院92年度第7次民事庭會議。最高法院66年度台上字第108號民事判決：運送人不得以載貨證券記載「據告稱重」而對受貨人主張免責。67年度台上字第1774號民事判決：載貨證券上註明「重量不知」之效力與海商法第54條第2項「不予載明」，兩者並不相當。

[65] 最高法院102年度台抗字第427號民事裁定。

肆、載貨證券之效力

一、物權效力

（一）所有權移轉

　　載貨證券為表彰運送物所有權之物權證券，是交付載貨證券於有受領貨物權利之人時，其交付就貨物所有權移轉之關係，其與貨物之交付，有同一之效力（海商法第60條第1項；民法第629條）[66]。

（二）發行一份以上之載貨證券

　　載貨證券有數份者，在貨物目的港請求交付貨物之人，縱僅持有載貨證券一份，運送人或船長仍不得拒絕交付（海商法第58條第1項前段）。不在貨物目的港時，運送人或船長非接受載貨證券之全數，不得為貨物之交付（第1項後段）。二人以上之載貨證券持有人請求交付貨物時，運送人或船長應即將貨物按照本法第51條規定寄存，並通知曾為請求之各持有人，運送人或船長，已依本法第58條第1項規定，交付貨物之一部後，他持有人請求交付貨物者，對於其賸餘之部分亦同（第2項）。載貨證券之持有人有二人以上者，其中一人先於他持有人受貨物之交付時，他持有人之載貨證券對運送人失其效力（第3項）。載貨證券之持有人有二人以上，而運送人或船長尚未交付貨物者，其持有先受發送或交付之證券者，得先於他持有人行使其權利（海商法第59條）。

二、債權效力

　　載貨證券之發給人，對於依載貨證券所記載應為之行為，均應負責（海商法第74條第1項）。前開發給人，對於貨物之各連續運送人之行為，應負保證之責。但各連續運送人，僅對於自己航程中所生之毀損滅失及遲到負其責任（第2項）。所謂各連續運送人，係指次運送人以下之運送人而言，各連續運送人僅對於自己航程中所生之毀損、滅失及遲到負其責任。各連續運送人，限定為次運送人，不包括發給載貨證券之第一運送人在內，第一運送人應負有保證之責任[67]。

---

[66] 最高法院76年台上字第771號民事判決。
[67] 最高法院64年度台上字第252號、91年度台上字第2120號民事判決。

三、載貨證券適用之準據法

載貨證券所載之裝載港或卸貨港爲中華民國港口者，其載貨證券所生之法律關係，依涉外民事法律適用法所定應適用法律（海商法第77條本文）。是載貨證券背面記載有關準據法之約款，對於託運人、運送人及載貨證券持有人，均有拘束力[68]。但依本法中華民國受貨人或託運人保護較優者，應適用本法規定（海商法第77條但書）。其目的在保護我國受貨人或託運人，增加我國海商法之適用機會。申言之，載貨證券所載之裝載港或卸貨港爲我國港口時，應先適用涉外民事法律適用法選定準據法。倘選法結果我國法爲準據法時，自應適用我國海商法。如選定外國法爲準據法時，應就個案實際適用該外國法與我國海商法之結果爲比較，倘適用我國海商法對我國受貨人或託運人保護較優者，應以我國海商法爲準據法[69]。

四、法院管轄

裝貨港或卸貨港爲中華民國港口者之載貨證券所生之爭議，得由我國裝貨港或卸貨港或其他依法有管轄權之法院管轄（海商法第78條第1項）。載貨證券係運送人或船長於貨物裝載後，應託運人之請求，由運送人或船長單方簽發之證券，載貨證券上雖有管轄合意條款之記載，係運送人或船長單方所爲之意思表示，除有其他情事足認有合意外，不能單憑該項記載，認雙方當事人已有管轄之合意[70]。

五、仲裁條款者

裝貨港或卸貨港爲中華民國港口者之載貨證券，其訂有仲裁條款者，經契約當事人同意後，得於我國進行仲裁，不受載貨證券內仲裁地或仲裁規則記載之拘束（海商法第78條第2項）。前項規定視爲當事人仲裁契約之一部。但當事人於爭議發生後另有書面合意者，不在此限（第3項）。

---

[68] 最高法院108年度台上大字第980號民事裁定。
[69] 最高法院104年度台上字第651號、106年度台上字第418號民事判決。
[70] 最高法院102年度台抗字第427號民事裁定。

伍、案例解析

一、案例9解析──不知條款與甲板運送之效力

（一）運送人有核對載貨證券之義務

依照託運人書面通知之貨物名稱、件數或重量，或其包裝之種類、個數及標誌，如與所收貨物之實際情況有顯著跡象，疑其不相符合，或無法核對時，運送人或船長得在載貨證券內載明其事由或不予載明，將運送物之部分空白（海商法第54條第2項）。故載貨證券依託運人之書面通知之貨物名稱、件數或重量記載者，推定運送人依該書面記載為運送（第3項）。準此，運送人有核對載貨證券內容之義務，未檢查或核對時，運送人應依據載貨證券之記載負責。是甲將散裝之小米一批交與乙海運公司所有A輪船運送，乙海運公司發給載貨證券時，並未清點貨物重量，僅依據甲所稱重量，即在載貨證券上記載據告重100噸，運送人乙海運公司應就100噸之記載負責。

（二）自然耗損之範圍

因散裝穀物之運送，在裝載、卸載及進倉過程中，由於未有包裝之保障，難免有所含雜物、灰塵、碎末散溢及顆粒偶然失落之自然損耗及磅差等足以導致重量不符之原因，依據國外運抵我國卸裝散裝穀物之統計資料，發生短卸平均比例約為1%。倘承運短卸部分，未達1%，在此範圍內之短少，可認為非運送人或其代理人、受僱人對於承運物之裝卸、搬移、堆存、保管、運送及看守應為注意及處置有所欠缺，運送人就該範圍內短少之重量，不負賠償責任。而逾1%部分，係因可歸責於運送人之事由所致，其應負損害賠償責任。職是，A輪船到達目的港卸貨時，秤重為98噸，發生短卸於1%內，運送人就該範圍內短少之重量，不負賠償責任。其逾1%即2噸部分，係因可歸責於運送人之事由所致，是託運人甲就該部分得請求運送人乙海運公司賠償。

（三）甲板運送責任（94司法官）

1. 甲板運送之免責

原則上運送人或船長如將貨物裝載於甲板上，致生毀損或滅失時，應負賠償責任（海商法第73條本文）。例外情形如：(1)經託運

人之同意並載明於運送契約；(2)航運種類；(3)商業習慣所許者（但書）。因本件有經託運人甲之同意並載明於運送契約。準此，運送人乙對於承運貨物之裝卸、搬移、堆存、保管、運送及看守，已盡必要之注意及處置（海商法第63條）。運送人乙海運公司將貨物裝載於甲板上，不必負海商法第73條之責任。

2. 運送人運送之注意及處置義務（108司律）

　　運送人對於承運貨物之裝載、卸載、搬移、堆存、保管、運送及看守，應為必要之注意及處置（海商法第63條）。此為運送人運送之注意及處置義務，該項義務不得依據運送契約或載貨證券條款予以免除。準此，A輪船於航行途中，因船長之過失未將貨物捆繫牢固，導致貨物發生毀損，其未盡裝載與運送之必要注意義務，託運人甲得請求運送人乙海運公司賠償之[71]。

二、案例10解析──載貨證券之文義性

　　我國海商法有關載貨證券記載文義之效力，適用文義責任主義。提單填發後，運送人於提單持有人間，關於運送事項，依其提單之記載（海商法第60條第1項；民法第627條）。以船舶之全部或一部供運送為目的之運送契約另行簽發載貨證券者，運送人與託運人以外載貨證券持有人間之關係，依載貨證券之記載（海商法第60條第1項）。如案例10所示，託運人甲將100輛車交與乙公司之輪船運送，運送契約記載貨物數量100輛車、受貨人丙。運送人乙公司於貨物裝載後，因甲之請求，發給載貨證券。乙公司依照甲書面通知之貨物數量200輛車，載明於發給載貨證券。運送契約與載貨證券記載數量不一致，受貨人丙持載貨證券提貨時，基於載貨證券之文義性，運送人乙公司不得持運送契約較少數量之記載，對抗受貨人丙。

---

[71] 最高法院71年台上字第290號民事判決。

第二節　海上旅客運送契約

案例11

> 　　A輪船股份有限公司於船票上印製「本公司對於旅客及其所付託之行李，於運送途中所致之一切毀損、喪失，本公司均不負賠償責任」。某日甲搭乘A輪船公司之輪船至國外，因船長乙之過失發生火災，導致甲身體受傷。試問甲得否向A輪船公司請求損害賠償？理由為何？

壹、海上旅客運送契約之定義

　　所謂海上旅客運送契約（carriage of passenger），係指當事人約定，一方支付運費於他方，他方以船舶為運送工具之旅客運送契約[72]。旅客運送契約之當事人為運送人及旅客，旅客兼具契約之主體及客體。對於旅客供膳者，其膳費應包括於票價之內（海商法第80條）。旅客之運送，除海商法有特別規定外，準用海商法有關貨物運送及民法相關規定（海商法第5條、第79條）。

貳、海上旅客運送契約之類型

　　海上旅客運送契約，大致可分「搭客運送」與「傭船運送」兩種類型。兩者均屬諾成契約，形式不拘，運送契約通常雖須購買車票或船票、機票，惟此僅為旅客運送契約之證明，故其為不要式契約，性質為承攬契約，倘旅客運送人同時提供其他服務或物品時，係以承攬契約為主之混合契約。

---

[72] 王立中，商事法新論，三民書局股份有限公司，2005年10月，修訂7版1刷，頁272。

參、旅客運送人之權利與義務

一、運送人之權利

　　運送人之權利分為私法之權利與公法之權利，旅客運送人主要之私法權利，係向旅客收取運費或票價。而船長得依職權實行緊急處分迫令旅客離船者，此具有公法上之權力性質（海商法第85條）。

二、運送人之義務

（一）運送旅客至目的港之義務

　　運送人或船長應依船票所載，運送旅客至目的港。運送人或船長違反前開規定時，旅客得解除契約，倘有損害，並得請求賠償（海商法第83條）。船舶因不可抗力不能繼續航行時，運送人或船長應設法將旅客運送至目的港（海商法第88條）。倘旅客之目的港發生天災、戰亂、瘟疫，或其他特殊事故致船舶不能進港卸客者，運送人或船長得依旅客之意願，將其送至最近之港口或送返乘船港（海商法第89條）。

（二）供給膳宿之義務

　　對於旅客供膳者，其膳費應包括於票價之內（海商法第80條）。運送人或船長在航行中為船舶修繕時，應以同等級船舶完成其航程，旅客在候船期間應無償供給膳宿（海商法第90條）。

肆、旅客之權利與義務

一、旅客之權利

（一）解除契約權

　　旅客之權利有如後情事，得解除海上旅客契約：1.船長應依船票所載，運送旅客至目的港，運送人或船長違反前開規定時，旅客得解除契約（海商法第84條前段）；2.船舶不於預定之日發航者，旅客得解除契約（海商法第86條）。

（二）請求賠償權

　　運送人或船長應依船票所載，運送旅客至目的港。運送人或船長

違反前項規定時，旅客除得解除契約外，倘旅客有損害，並得請求賠償（海商法第83條）。例如，因運送人或船長之違約行為，旅客為此支出逾原運費之票價。

二、旅客之義務

（一）給付票價義務

旅客在船舶發航或航程中不依時登船，或船長依職權實行緊急處分迫令其離船者，仍應給付全部票價（海商法第85條）。旅客在航程中自願上陸時，仍負擔全部票價，其因疾病上陸或死亡時，僅按其已運送之航程負擔票價（海商法第87條）。

（二）聽從船長指示義務

船長具有船舶指揮命令權，其為維持秩序，在職務上所為之命令與管理，旅客均應遵守船長維持船舶秩序所為指示，並於船舶抵達目的港（port of destination）後，應依船長之指示即行離船（海商法第91條）。

（三）投保意外險義務

旅客於實施意外保險（casualty insurance）之特定航線及地區，均應投保意外險，保險金額載入客票，視同契約，其保險費（insurance premium）包括於票價內，並以保險金額（insurance amount）為損害賠償之最高額（海商法第81條第1項）。前開特定航線地區及保險金額，由交通部定之（第2項）。旅客除第81條保險外，自行另加保意外險者，其損害賠償依其約定。但應以書面為之（海商法第82條）。

伍、海上旅客運送契約之解除

一、法定解除

（一）不遵期發航

海上旅客運送契約，係旅客支付運費於運送人，運送人定期以船舶為運送旅客之契約，船舶不於預定之日發航者（voyage），旅客得解除契約，請求退還已付之價款（海商法第86條）。

（二）不得已事由

旅客於發航前，因死亡、疾病或其他基於本身不得已之事由，不能或拒絕乘船者，運送人得請求票價十分之一（海商法第84條後段）。而旅客於發航後，因疾病上陸或死亡時，僅按其已運送之航程負擔票價（海商法第87條後段）。

二、任意解除

旅客於發航24小時前，得給付票價十分之二，作爲解除契約之代價（海商法第84條前段）。旅客在航程中自願上陸時，不再登船者，視爲解除契約，其應負擔全部票價（海商法第87條前段）。

陸、案例11解析──船舶失火之責任歸屬

一、免責事由之限制

運送人交與旅客之車票，有免除或限制運送人責任之記載者，除能證明旅客對於其責任之免除或限制明示同意外，不生效力（海商法第5條；民法第659條）。因運送人單方所訂定之減免責任約款，不得據以減免責任。A輪船公司雖於船票上印製，其對於旅客於運送途中所致之一切毀損、喪失，不負賠償責任。惟未經旅客甲明示同意，自不生效力[73]。

二、失火責任

海商法第69條第3款以失火爲運送人之免責事由，係指非由於運送人或其履行輔助人之過失所引起之火災而言。是運送人未盡同法第63條之注意義務而引起之火災，不得主張免其責任[74]。準此，甲搭乘A輪船公司之輪船至國外，因船長乙之過失發生火災，導致甲身體受傷，甲自得向A輪船公司請求損害賠償。

---

[73] 林洲富，民法案例式，五南圖書出版股份有限公司，2020年9月，8版1刷，頁315。

[74] 最高法院67年度台上字第196號、68年度台上字第196號、68年度台上字第853號民事判決。

第三節　船舶拖帶

案例12

　　A船舶與B船舶共同拖帶喪失海上航行能力之C船舶，因A船船長之操作過失，導致與D船舶碰撞。試問D船所有人因船舶碰撞所發生之損害，應由何人負責？依據為何？

壹、船舶拖帶之定義

　　所謂船舶拖帶或拖船契約（contract of towage），係指當事人約定，一方以船舶於一定期間或地點，拖帶他方之船舶，而他方給付報酬之契約[75]。船舶拖帶為承攬契約，其為不要式與諾成契約[76]。

貳、船舶拖帶之責任

一、單一拖帶責任

　　拖船與被拖船不屬於同一所有人時，其損害賠償之責任，應由拖船所有人負擔。但契約另有訂定者，不在此限（海商法第92條）。換言之，因船舶拖帶行為造成第三人發生損害賠償時，原則上由拖船所有人負責。

二、共同或連接拖帶責任

　　共同或連接之拖船，因航行所生之損害，對被害人負連帶責任（joint and several liability）。但他拖船對於加害之拖船有求償權（right of claim）（海商法第93條）。例如，A船舶與B船舶共同拖帶C船舶，

---

[75] 林洲富，商事法實例解析，五南圖書出版股份有限公司，2021年7月，12版1刷，頁434。

[76] 林洲富，民法案例式，五南圖書出版股份有限公司，2020年9月，8版1刷，頁254。

屬共同拖帶。倘A船舶同時拖帶B船舶與C船舶，為連接拖帶關係。

參、案例12解析——拖船之責任

　　共同或連接之拖船，因航行所生之損害，對被害人負連帶責任。但他拖船對於加害之拖船有求償權（海商法第93條）。準此，A船與B船共同拖帶C船，因A船船長之操作過失，導致與D船碰撞，D船所有人因船舶碰撞所發生之損害，得請求A船與B船之所有人負連帶賠償責任。而B船之所有人賠償後，得向加害之A船所有人求償。

習　題

一、試說明載貨證券之定義與其功能。
　　提示：海商法第53條。
二、試說明甲板運送責任。
　　提示：海商法第63條、第73條。
三、海商法對於貨物運送契約之運費負擔，有何規定？
　　提示：海商法第43條、第47條至第49條、第66條至第68條。
四、說明海上旅客運送契約之解除事由。
　　提示：海商法第84條、第86條、第87條。
五、說明海上旅客運送契約有關旅客之權利與義務。
　　提示：海商法第81條至第87條、第91條。
六、說明船舶拖帶之責任。
　　提示：海商法第92條至第93條。

第四章

海上企業風險

目　次

關鍵詞：扣押、補償額、犧牲額、施救人、分擔價值、不可抗
　　　　力、救助契約、利害關係人

　　研讀海上企業風險之重點，在於瞭解共同海損、船舶碰撞、救助及撈救等相關規範。本章為使實務與理論相互應證，計有3則案例，分析法律之原則及適用。

第一節　共同海損

案例1

> 　　運送人甲所有A船舶價值新臺幣（下同）1,400萬元，其運送乙所有價值800萬元之貨物一批。因發生海上事故，導致船舶有200萬元之損害，A船船長為此丟棄乙所有之貨物200萬元，始行脫險。試問運送人與託運人間，應如何分擔共同海損？

壹、共同海損之定義及成立要件

一、共同海損之定義

　　廣義之海損包含：（一）通常海損或小海損；（二）狹義海損或非常海損，可分單獨海損與共同海損。所謂共同海損者（general average），係指在船舶航程期間，為求共同危險中全體財產之安全所為故意及合理處分，而直接造成之犧牲（sacrifice）及發生之費用（海商法第110條）。

二、共同海損之要件

　　共同海損之要件如後：（一）須在船舶航程期間所發生之現實危險；（二）須為船舶與貨物之共同危險；（三）須為全體財產之安全所為故意及合理處分之行為；（四）須有直接造成犧牲或發生費用；（五）須船舶與貨物均有所保存。

貳、共同海損之債權

一、共同海損債權之定義與類型

所謂共同海損債權者，係指因共同海損處分而發生之損害（loss）或費用（expense），損害被害人與費用支付人得向利害關係人請求分擔之權利。船舶共同海損分擔額之賠償請求權為第三順位之海事優先權所擔保債權（海商法第24條第1項第3款）。

二、共同海損債權之類型

（一）船　舶

船舶價值通常高於其貨載，故船舶及其屬具、設備因處分所生之損害，為共同海損債權之重要部分。除給養品外，凡於航行上或營業上必需之一切設備及屬具，均視為船舶之一部（海商法第7條）。

（二）貨　載

原則上經投棄之貨載，應屬共同海損之債權。例外情形如後：1.未依航運習慣裝載之貨物經投棄者，不認為共同海損犧牲。但經撈救者，仍應分擔共同海損（海商法第116條）；2.無載貨證券，亦無船長收據之貨物，或未記載於目錄之設備屬具，經犧牲者，不認為共同海損。但經撈救者，仍應分擔共同海損（海商法第117條）；3.貨幣、有價證券或其他貴重物品者，經犧牲者，除已報明船長者外，不認為共同海損犧牲。但經撈救者，仍應分擔共同海損（海商法第118條）；4.船上所備糧食、武器、船員之衣物、薪津、郵件及無載貨證券之旅客行李、私人物品，均不分擔共同海損。前開物品如被犧牲，其損失應由各關係人分擔之（海商法第120條）。

（三）運　費

運費以貨載之毀損或滅失致減少或全無者為準，其亦屬共同海損之債權。但運送人因此減省之費用，應扣除之（海商法第113條第3款）。運送物於運送中，因不可抗力而喪失者，運送人則不得請求運費（民法第645條）。

（四）費　用

因船貨之共同安全所支出之費用，其為共同海損（海商法第114條第1項）：1.為保存共同危險中全體財產所生之港埠、貨物處理、船員工資及船舶維護所必需之燃、物料費用；2.船舶發生共同海損後，為繼續共同航程所需之額外費用；3.為共同海損所墊付現金2%之報酬；4.自共同海損發生之日起至共同海損實際收付日止，應行收付金額所生之利息。為替代前項第1款、第2款共同海損費用所生之其他費用，視為共同海損之費用。但替代費用不得超過原共同海損費用（第2項）。

參、共同海損債權之擔保

運送人或船長對於未清償分擔額之貨物所有人，得留置（lien）其貨物。但提供擔保者，不在此限（海商法第122條）。而船舶對於共同海損之分擔額亦有優先權（priority），此均屬共同海損債權之擔保（general average security）。

肆、共同海損之時效

因共同海損所生之債權，自計算確定之日起，經過1年不行使而消滅（海商法第125條），其屬於短期之消滅時效（extinctive prescription）規定，以求權利與義務之法律關係，得早日確定。就計算確定之日，當事人有爭執時，得於共同海損所生之債權事件，由審理法院確認之。

伍、共同海損之分擔

一、共同海損之範圍

共同海損以各被保存財產價值與共同海損總額之比例，由各利害關係人分擔之。因共同海損行為所犧牲而獲共同海損補償之財產，自應參與分擔（海商法第111條）。共同海損因利害關係人之過失所致者，各關係人仍應分擔之。但不影響其他關係人對過失之負責人之賠償請求權（海商法第115條）。

二、分擔額之計算

各被保存財產之分擔價值，應以航程終止地或放棄共同航程時地財產之實際淨值（net worth）為準，依下列規定計算之（海商法第112條第1項）。而各類之實際淨值，均應另加計共同海損之補償額（compensation）（第2項）。

（一）船　舶

船舶以到達時地之價格為準。倘船舶於航程中已修復者，應扣除在該航程中共同海損之犧牲額及其他非共同海損之損害額。但不得低於其實際所餘殘值（salvage value）（海商法第112條第1項第1款）。保存船舶之分擔額，係保存船舶之價值乘以共同海損之分擔比例。

（二）貨　物

貨物以送交最後受貨人之商業發票所載價格為準，倘無商業發票者，以裝船時地之價值為準，並包括應支付之運費及保險費在內（海商法第112條第1項第2款）。保存貨物之分擔額，係保存貨物之價值乘以共同海損之分擔比例。貨物在海運途中，常因買賣行為而使所有權人幾度易主，導致前後多種價值不同之商業發票出現，故應依交付與最後受貨人之商業發票所載之價格為準。

（三）運　費

運費以到付運費之應收額，扣除非共同海損費用為準（海商法第112條第1項第3款）。是運費以到付運費之應收額，作為計算分擔額之基礎。保存運費之分擔額，係保存運費之價值乘以共同海損之分擔比例[1]。

三、共同海損犧牲之補償額計算

計算共同海損犧牲之補償額，應以各財產於航程終止時地或放棄共同航程時地之實際淨值為準，船舶、貨物、運費之共同海損犧牲之補償額，依下列規定計算之（海商法第113條）：

---

[1] 劉宗榮，海商法，三民書局股份有限公司，2021年1月，修訂4版1刷，頁537。

（一）船　舶

　　船舶以實際必要之合理修繕或設備材料之更換費用為準。未經修繕或更換者，以該損失所造成之合理貶值，但不能超過估計之修繕或更換費用（海商法第113條第1款）。犧牲船舶之分擔金額，係犧牲船舶之補償額乘以共同海損之分擔比例。

（二）貨　物

1. 據實聲明

　　貨物以送交最後受貨人商業發票價格計算所受之損害為準，倘無商業發票者，以裝船時地之價值為準，並均包括應支付之運費及保險費在內。倘受損貨物經出售者，以出售淨值與前述所訂商業發票或裝船時地貨物淨值之差額為準（海商法第113條第2款）。犧牲貨物之分擔金額，係犧牲貨物之補償額乘以共同海損之分擔比例。

2. 不實聲明

　　貨物之性質，其於託運時故意為不實之聲明，經犧牲者，不認為共同海損。但經保存者，應按其實在價值分擔之（海商法第119條第1項）。貨物之價值，而於託運時為不實之聲明，使聲明價值與實在價值不同者，其共同海損犧牲之補償額以金額低者為準，分擔價值以金額高者為準（第2項）。

（三）運　費

　　原則上運費以貨載之毀損或滅失致減少或全無者，作為計算基準。例外情形，係運送人因此減省之費用，應扣除之（海商法第113條第3款）。犧牲運費之分擔金額，係犧牲運費之補償額乘以共同海損之分擔比例[2]。

四、共同海損之計算

（一）協議、仲裁或裁判

　　共同海損之計算，由全體關係人協議定之，得依據理算師鑑定估列分攤額。協議不成時，得提付仲裁（arbitral award）或請求法院裁判之

---

[2] 劉宗榮，海商法，三民書局股份有限公司，2021年1月，修訂4版1刷，頁538。

（海商法第121條）。

（二）利害關係人之分擔額

共同海損以各被保存財產價值與共同海損總額之比例，由各利害關係人分擔之。因共同海損行為所犧牲而獲共同海損補償之財產，亦應參與分擔（海商法第111條）。職是，各利害關係人（interested person）應分擔額如後：1.船舶所有人分擔額＝損害額×船價÷（船價＋貨價＋犧牲額）；2.貨物所有人分擔額＝損害額×貨價÷（船價＋貨價＋犧牲額）；3.被犧牲財物人分擔額＝損害額×犧牲額÷（船價＋貨價＋犧牲額）。

陸、共同海損之回復與委棄權

一、共同海損之回復

利害關係人於受分擔額後，復得其船舶或貨物之全部或一部者，應將其所受之分擔額返還於關係人。但得將其所受損害及復得之費用，加以扣除之，避免受分擔人享有不當得利（海商法第123條）。

二、共同海損之委棄權

船舶所有人對海商法第21條所負之責任，以本次航行之船舶價值、運費及其他附屬費為限。準此，應負分擔義務之人，得委棄其存留物而免分擔海損之責，此為共同海損之委棄權（海商法第124條）。

柒、案例1解析——共同海損分擔額之計算

一、計算方式

各利害關係人依據各被保存財產價值與共同海損總額之比例，分擔共同海損。因共同海損行為所犧牲而獲共同海損補償之財產，亦應參與分擔（海商法第111條）。準此，船舶所有人分擔額＝損害額×船價÷（船價＋貨價＋犧牲額）；貨物所有人分擔額＝損害額×貨價÷（船價＋貨價＋犧牲額）；被犧牲財物人分擔額＝損害額×犧牲額÷（船價＋貨價＋犧牲額）。

二、實際分擔額

（一）犧牲額、損害額、船價及貨價

本件運送人甲所有A船價值新臺幣（下同）1,400萬元，其運送乙所有價值800萬元之貨物一批，因海上事故，導致船舶有200萬元之損害，A船船長乃丟棄乙所有之貨物200萬元，此爲犧牲額；而船貨之總損害額爲400萬元（船舶損害200萬元＋貨物犧牲額200萬元）、到達時地之船價爲1,200萬元、送交最後受貨人之商業發票所載價格貨價爲600萬元。

（二）運送人與託運人之分擔額

渠等實際分擔額如後：1.船舶所有人甲分擔額＝400萬元×1,200萬元÷（1,200萬元＋600萬元＋200萬元）＝240萬元；2.貨物所有人乙分擔額＝400萬元×600萬元÷（1,200萬元＋600萬元＋200萬元）＝120萬元；3.被犧牲財物人乙分擔額＝400萬元×200萬元÷（1,200萬元＋600萬元＋200萬元）＝40萬元。職是，運送人甲就本件共同海損之分擔額爲240萬元，而託運人乙之分擔額爲160萬元。

第二節　船舶碰撞

案例2

> 甲所有美籍A遊艇，因乙過失操作其所有B快艇，導致2019年1月1日於日月潭碰撞。試問甲於2021年1月2日基於侵權行爲之法律關係，請求乙賠償其損害，是否有理由？

壹、船舶碰撞之定義

所謂船舶碰撞者（ship collision），係指二艘以上之船舶，在海上或水中互相接觸，導致一方或雙方發生損害而言。船舶範圍除海商法之船舶外，亦包含船舶法所稱之小船、軍事建制之艦艇、專用於公務之船舶及海商法第1條規定以外之其他船舶（海商法第3條）。

貳、船舶碰撞之損害賠償及時效

一、船舶碰撞之損害賠償

（一）不可抗力

碰撞係因不可抗力而發生者，被害人不得請求損害賠償，應自行負擔（海商法第95條）。所謂不可抗力，係指人力所不能抗拒之事由，即任何人縱加以最嚴密之注意，亦不能避免者而言[3]。

（二）一方之船舶過失

碰撞係因於一船舶之過失所致者，由該船舶負損害賠償責任（海商法第96條）。準此，船舶所有人或船長及其受僱人已盡必要之注意義務時，可避免本件船舶碰撞之發生，非屬不可抗力所致，自不得依海商法第95條規定，主張免負損害賠償責任[4]。第96條之一方船舶過失責任，不因碰撞係由引水人之過失所致而免除（海商法第98條）。

（三）共同之船舶過失

碰撞之各船舶有共同過失時，各依其過失程度之比例負其責任，不能判定其過失之輕重時，各方平均負其責任（海商法第97條第1項）。有過失之各船舶，對於因死亡或傷害所生之損害，應負連帶責任（第2項）。第97條之共同船舶過失責任，不因碰撞係由引水人之過失所致而免除（海商法第98條）。

二、船舶碰撞之時效

因碰撞所生之請求權，自碰撞日起算，經過2年不行使而消滅（海商法第99條）。該損害賠償請求權之消滅時效，為民法第197條第1項之特別規定，應優先適用之[5]。船舶碰撞所生之損害賠償請求權，倘已罹於時效，僅生債務人拒絕給付之抗辯權，並非請求權當然消滅，其為自

---

[3]　臺灣高等法院95年度保險上更(一)字第6號民事判決。

[4]　臺灣高等法院95年度保險上更(一)字第6號民事判決。

[5]　民法第197條第1項規定：因侵權行為所生之損害賠償請求權，自請求權人知有損害及賠償義務人時起，2年間不行使而消滅。自有侵權行為時起，逾10年者亦同。

然債務，債務人仍爲給付時，不得請求返還（民法第144條）[6]。

參、船舶碰撞之處置

一、船舶碰撞之規範

　　我國關於船舶碰撞之事件，不論發生於何地、何時或船舶所屬國籍（flag state）爲何，均適用海商法有關船舶碰撞之規定處理（海商法第94條）。船舶碰撞，係指船舶衝突，致一方或雙方發生損害而言，其性質屬於侵權行爲之問題。

二、扣押加害之船舶

　　船舶在中華民國領海內水港口河道內碰撞者，法院對於加害之船舶，得扣押之（海商法第100條第1項）。碰撞不在中華民國領海內水港口河道內，而被害者爲中華民國船舶或國民，法院於加害之船舶進入中華民國領海後，得扣押之（第2項）。前開被扣押船舶（attachment of ship）得提供擔保，請求放行（第3項）。其擔保得由適當之銀行或保險人（insurer），出具書面保證代之（第4項）。

三、碰撞訴訟之管轄法院

　　關於碰撞之訴訟，得向下列其一之法院起訴（海商法第101條；民事訴訟法第15條第2項）：（一）被告之住所（domicile of defendant）或營業所所在地之法院；（二）碰撞發生地之法院；（三）被告船舶船籍港（port of registry）之法院；（四）船舶扣押地之法院；（五）當事人合意地（consensual jurisdiction）之法院。

肆、案例2解析──船舶碰撞之規範及處置

一、船舶碰撞之規範

　　我國關於船舶碰撞之事件，不論發生於何地、何時或船舶所屬國

---

[6] 最高法院101年度台上字第1858號民事判決。

籍（flag state）為何，均適用海商法有關船舶碰撞之規定處理之（海商法第94條）。船舶範圍包括船舶法所稱之小船、軍事建制之艦艇、專用於公務之船舶及海商法第1條規定以外之其他船舶（海商法第3條）。準此，甲所有美籍A遊艇與乙所有B快艇，兩船在日月潭發生碰撞，自應適用我國海商法之規範。

二、船舶碰撞之損害賠償

碰撞係因於一船舶之過失所致者，由該船舶負損害賠償責任（海商法第96條）。因碰撞所生之請求權，自碰撞日起算，經過2年不行使而消滅（海商法第99條）。乙前於2019年1月1日，因過失操作其所有B快艇，導致碰撞甲所有A遊艇，造成A遊艇之損害，甲遲至於2021年1月2日始基於侵權行為之法律關係，請求乙賠償其損害，乙得以該損害賠償之請求，已罹於時效為事由，拒絕賠償。

第三節　救助及撈救

案例3

> 　　甲所有之船舶遭遇海難，甲發電報請求乙實施救助，當事人簽訂救助契約，約定甲應給付新臺幣（下同）100萬元之報酬與乙，不問救助之效果為何。經乙依約救助之結果，僅保存船舶殘值50萬元。試問甲主張船舶所有人之限制責任，僅願意給付50萬元與救助人乙，甲之主張是否有理由？

壹、救助及撈救之定義

一、救助之定義

所謂救助者（salvage），係指船舶或貨載尚未脫離船長或海員之占有，而由第三人加以協助，得以保存者。救助與撈救之區別，在於船舶或貨載是否脫離船長或海員之占有。

二、撈救之定義

所謂撈救者，係指船舶或貨載已經脫離船長或海員之占有，行將沉沒或漂流，而由第三人加以協助，得以保存者（海商法第116條至第118條）。再者，救助及撈救，合稱海難救助（salvage of marine peril）。

三、救助契約類型

（一）救助僱傭契約

所謂救助僱傭契約，係指當事人約定，施救者一方於一定或不定之期限內，受被救助者之指示，為被救助者之船舶提供勞務，而受救者給付報酬之契約。受救者為僱用人，施救人為受僱人（民法第482條）。施救人應聽從受救人之指揮監督，施救人依契約提供勞務，即可獲得報酬，不以救助有效果為條件。

（二）委任救助契約

所謂委任救助契約，係指當事人約定，受救者一方委託施救者處理救助事務，施救者允為處理救助之契約。受救者為委任人，施救人為受任人（民法第528條）。關於救助工作之進行，施救人有自主權，此與救助僱傭契約不同。

（三）救助承攬契約

所謂救助承攬契約，係指當事人約定，施救者一方為受救者完成救助之工作，施救者俟工作完成，給付報酬之契約。受救者為定作人，施救人為承攬人（民法第490條第1項）[7]。施救者完成約定之救助工作，為給付報酬之條件。

---

[7] 劉宗榮，海商法，三民書局股份有限公司，2021年1月，修訂4版1刷，頁472。

貳、對人救助

一、船長之救助義務

（一）一般海難之救助

船長於不甚危害其船舶、海員、旅客之範圍內，對於淹沒或其他危難之人應盡力救助（海商法第102條）。此為船長於一般海難情事，對於淹沒或其他危難之人之救助義務。所謂海難，係指船舶在海上運輸過程，由於自然或人為原因造成重大事故，導致所載人員傷亡或貨物、財產損失之突發事件。

（二）船舶碰撞之救助

船舶碰撞後，各碰撞船舶之船長於不甚危害其船舶、海員或旅客之範圍內，對於他船舶船長、海員及旅客，應盡力救助（海商法第109條第1項）。各該船長，除有不可抗力之情形外，在未確知繼續救助為無益前，應停留於發生災難之處所（第2項）。各該船長，應於可能範圍內，將其船舶名稱及船籍港並開來及開往之處所，通知於他船舶（第3項）。

二、無報酬請求權

對於人命之救助，係履行道德之義務，原則上並無報酬請求權。例外情形，係於實行施救中救人者，對於船舶及財物救助報酬金，有參加分配之權（海商法第107條）。施救人與船舶間，或者施救人間之分配報酬之比例，其救助報酬由當事人協議定之，協議不成時，得提付仲裁或請求法院裁判之（海商法第105條、第106條）。

參、對物救助

一、成立要件

（一）廣義海難救助

廣義海難救助，包括對人與對物之救助。詳言之，所謂海難救助，係指無救助契約存在，無法律上之義務，對於遭遇海難之人、船舶

或船舶上財物，加以救援，使得脫險而言。倘危險已因時過境遷而不復存在，遇難之船舶或其上財物將不致續有損害發生，即無危險可得脫離，自不適用海商法有關海難救助之規定[8]。

（二）狹義海難救助

狹義海難救助僅指對物之救助而言，其屬無因管理之性質（management of affairs without mandate），當事人間無救助契約之關係。茲說明其成立要件如後：1.須船舶或貨物遭遇海難；2.須救助之標的為船舶或船舶上之所有財產；3.須有救助之效果者（海商法第103條第1項）；4.須未經以正當理由拒絕施救者（海商法第108條）。

二、救助效力

（一）報酬請求權

救助報酬為第三順位之海事優先權所擔保債權（海商法第24條第1項第3款）。對於船舶或船舶上財物施以救助而有效果者，得按其效果請求相當之報酬（海商法第103條第1項）。施救人所施救之船舶或船舶上貨物，有損害環境之虞者，施救人得向船舶所有人請求與實際支出費用同額之報酬；其救助行為對於船舶或船舶上貨物所造成環境之損害，已有效防止或減輕者，得向船舶所有人請求與實際支出費用同額或不超過其費用一倍之報酬（第2項）。施救人同時有前開報酬請求權者，前項報酬應自第1項可得請求之報酬中扣除之（第3項）。施救人之報酬請求權，自救助完成日起2年間不行使而消滅，其為短期時效（第4項）。屬於同一所有人之船舶救助，仍得請求報酬（第104條第1項）。拖船對於被拖船施以救助者，得請求報酬。但以非為履行該拖船契約者為限（第2項）。

（二）報酬之決定

施救人與船舶間，或者施救人間之分配報酬之比例，其救助報酬由當事人協議定之，協議不成時，得提付仲裁或請求法院裁判之（海商法第105條、第106條）。共同海損之計算，具有相當專業性，得委由共同海損理算師為之（average adjuster）。

---

[8] 最高法院92年度台上字第2478號民事判決。

肆、案例3解析——救助契約之報酬請求權

　　船舶所有人對於沉船或落海之打撈移除所生之債務，原則上以本次航行之船舶價值、運費及其他附屬費爲限，負有限責任（海商法第21條第1項第3款本文）。例外情形，係依契約（salvage contract）之報酬或給付，應負無限責任（但書）。準此，甲所有之船舶遭遇海難，甲與乙簽訂救助契約，約定甲應給付新臺幣（下同）100萬元之報酬與乙。不問救助之效果爲何，經乙依約救助之結果，雖僅保存船舶殘值50萬元，甲應依約給付100萬元之救助報酬，不得主張船舶所有人之限制責任，僅願意給付50萬元與救助人乙。

習　題

一、說明共同海損之定義與其成立要件。
　　提示：海商法第110條。
二、說明共同海損之分擔範圍與計算。
　　提示：海商法第111條至第113條、第119條、第121條。
三、說明船舶碰撞之損害賠償責任。
　　提示：海商法第95條至第97條。
四、何謂救助與撈救，兩者有何差異？
　　提示：海商法第116條至第118條，並參照救助之定義與撈救之定義。
五、說明船舶碰撞之管轄法院。
　　提示：海商法第101條、民事訴訟法第15條第2項。

海上保險

關鍵詞：扣押、保險人、複保險、通知義務、保險金額、委付原
因、委付單純性、委付不可分性

　　研讀海上保險之重點，在於瞭解海上保險契約、海上保險之委付等相關規範。本章為使實務與理論相互應證，計有2則案例，分析法律之原則及適用。

第一節　海上保險契約

> 　　船舶所有人甲以其市價新臺幣（下同）1億元之所有A船舶，分別向乙與丙保險公司投保火災險，保險金額分別為1億元，並通知保險人知悉。試問A船舶嗣後於保險期間發生火災全毀，甲如何向乙、丙保險公司請求保險金給付？

壹、海上保險之定義及要式性

一、海上保險之定義

　　所謂海上保險者（marine insurance），係指保險人對於保險標的物，除契約另有規定外，因海上一切事變及災害所生之毀損滅失及費用，負賠償責任（海商法第129條）。關於海上保險，應優先適用海商法，無規定時，始適用保險法（insurance law）規定（海商法第126條）。

二、海上保險之要式性

　　海上保險契約，應以保險單或暫保單為之，具有要式性（保險法第43條）。海上保險契約，除本法另有規定外，應記載下列各款事項：（一）當事人之姓名及住所；（二）保險之標的物；（三）保險事故之種類；（四）保險責任開始之日時及保險期間；（五）保險金額；（六）保險費；（七）無效及失權之原因；（八）訂約之年月日（保險法第55條）。

貳、海上保險之標的及保險價額

一、海上保險之標的

凡與海上航行有關而可能發生危險之財產權益，均得爲海上保險之標的（insurance object）（海商法第127條第1項）。海上保險契約，得約定延展加保至陸上、內河、湖泊或內陸水道之危險（第2項）。海上保險之標的如後：（一）船舶；（二）貨物；（三）運費；（四）應有利得。

二、保險價額

（一）船　舶

船舶之保險以保險人責任開始時之船舶價格及保險費（insurance premium），爲保險價額（insurance amount）（海商法第134條）。所謂船舶價格，係指市場交易之標準。船舶保險之範圍（insurance coverage），不僅指船體而已，凡於航行上或營業上必需之一切設備及屬具，均視爲船舶之一部（海商法第7條）。保險期間除契約另有訂定外，關於船舶及其設備屬具，自船舶起錨或解纜之時，以迄目的港投錨或繫纜之時，爲其期間（海商法第128條前段）。船舶部分損害之計算，以其合理修復費用爲準。但每次事故應以保險金額爲限（海商法第139條第1項）。部分損害未修復之補償額，以船舶因受損所減少之市價爲限。但不得超過所估計之合理修復費用（第2項）。保險期間內，船舶部分損害未修復前，即遭遇全損者，不得再行請求前開部分損害未修復之補償額（第3項）。

（二）貨　物

貨物之保險以裝載時、地之貨物價格、裝載費、稅捐、應付之運費及保險費，爲保險價額（海商法第135條）。關於貨物之保險期間（duration of insurance），自貨物離岸之時起，迄目的港起岸之時止（海商法第128條後段）。貨物損害之計算，依其在到達港於完好狀態下所應有之價值，與其受損狀態之價值比較定之（海商法第138條）。再者，受損害貨物之變賣，除由於不可抗力或船長依法處理者外，應得保險人之同意。並以變賣淨額與保險價額之差額爲損害額。但因變賣後

所減省之一切費用，應扣除之（海商法第141條）。

（三）運　費

運費之保險，僅得以運送人如未經交付貨物即不得收取之運費為之，並以被保險人應收取之運費及保險費為保險價額（海商法第137條第1項）。前開保險，得包括船舶之租金（rental）及依運送契約可得之收益（collect profits）（第2項）。運費部分損害之計算，以所損運費與總運費之比例就保險金額定之（海商法第140條）。

（四）應有利得

所謂應有利得者，係指貨物平安運達目的地，其所得之利益而言。換言之，貨物到達時應有之佣金（commission）、費用或其他利得之保險以保險時之實際金額，為保險價額（海商法第136條）。

三、保險利益

要保人或被保險人，對於保險標的物無保險利益者，保險契約失其效力（保險法第17條）。海上航行有關可能發生危險之財產權益，具有保險利益之標的如後：（一）財產上之現有與期待利益：要保人對於財產上之現有利益，或因財產上之現有利益而生之期待利益，有保險利益（保險法第14條）；（二）財產上之責任利益：運送人或保管人對於所運送或保管之貨物，以其所負之責任為限，有保險利益（保險法第15條）；（三）有效契約之利益：凡基於有效契約而生之利益，亦得為保險利益（保險法第20條）。

參、海上保險之效力

一、要保人或被保險人之權義

（一）發生危險之通知義務

要保人或被保險人，應於知悉保險之危險（insurance perils）發生後，立即通知保險人（海商法第149條）。倘要保人或被保險人怠於立即通知，對於保險人因此所受之損害，應負賠償責任（海商法第126

條；保險法第58條、第63條）[1]。

（二）貨物受損之通知義務

要保人或被保險人，自接到貨物之日起，1個月內不將貨物所受損害通知保險人或其代理人（agent）時，視爲無損害（海商法第151條）。準此，要保人或被保險人未盡貨物受損之通知義務，視爲無損害。

（三）貨物裝船之通知義務

未確定裝運船舶之貨物保險，要保人（proposer）或被保險人（insurant）於知其已裝載於船舶時，應將該船舶之名稱、裝船日期、所裝貨物及其價值，立即通知於保險人。不爲通知者，保險人對未爲通知所生之損害，不負賠償責任（海商法第132條）。

（四）終止保險契約之權利

要保人或被保險人於保險人破產時，得終止契約（海商法第133條）。因保險人已喪失支付能力，無法履行海上保險契約之義務，要保人或被保險人得終止保險契約，以保全權利。

二、保險人之責任

（一）給付保險金額

保險人應於收到要保人或被保險人證明文件後30日內給付保險金額（insurance compensation）（海商法第150條第1項）。由保險契約所生之權利，被保險人之請求權，自得爲請求之日起，經過2年不行使而消滅。倘能證明其非因疏忽而不知情者，自其知情之日起算（保險法第65條）。再者，倘保險人對於海商法第150條第1項之證明文件有疑義，而要保人或被保險人提供擔保時，仍應將保險金額全部給付（海商法第150條第2項）。前開情形，保險人之金額返還請求權，自給付後經過1年不行使而消滅（第3項）。

---

[1] 保險法第58條規定：要保人、被保險人或受益人，遇有保險人應負保險責任之事故發生，除本法另有規定，或契約另有訂定外，應於知悉後5日內通知保險人。第63條規定：要保人或被保險人不於第58條、第59條第3項所規定之期限內爲通知者，對於保險人因此所受之損失，應負賠償責任。

（二）減免損失費用之償還

保險事故（insurance accident）發生時，要保人或被保險人應採取必要行為，以避免或減輕保險標的之損失，保險人對於要保人或被保險人，未履行此項義務而擴大之損失，不負賠償責任（海商法第130條第1項）。保險人對於要保人或被保險人，為履行前開義務所生之費用，負償還之責，其償還數額與賠償金額合計雖超過保險標的價值，仍應償還之（第2項）。職是，採取避免或減輕保險標的損失之必要行為，係屬要保人或被保險人之義務，而因該行為所生之費用，保險人應負償還之責。該償還責任屬法定責任，其與保險人之理賠責任無涉，不以保險人應負理賠責任為要件[2]。再者，保險人對於前開費用之償還，以保險金額為限。倘保險金額不及保險標的物之價值時，則以保險金額對於保險標的之價值比例定之（第3項）。

（三）免責之範圍

因要保人或被保險人或其代理人之故意（intentionally）或重大過失（gross negligently）所致之損失，保險人不負賠償責任（海商法第131條）[3]。再者，未確定裝運船舶之貨物保險，要保人或被保險人於知其已裝載於船舶時，應將該船舶之名稱、裝船日期、所裝貨物及其價值，立即通知於保險人。不為通知者，保險人對未為通知所生之損害，不負賠償責任（海商法第132條）。例如，貨物保險時，未確定裝運船舶之情形，要保人於投保時已將裝貨之船名填載於投保書內，有保險人所提之投保書可證，是裝貨船舶早已確定，縱未將該輪國籍通知保險人，保險契約不因此而失效[4]。

三、保險人之代位權

（一）法定債權移轉

被保險人因保險人應負保險責任之損失發生，而對於第三人有損

---

[2] 最高法院103年度台上字第2425號民事判決、106年度台上字第1262號民事裁定。

[3] 最高法院107年度台上字第975號民事判決。

[4] 最高法院48年台上字第984號民事判決。

失賠償請求權者，保險人得於給付賠償金額後，代位行使被保險人對於第三人之請求權（保險法第53條第1項本文）；但其所請求之數額，以不逾賠償金額為限（但書）。此項代位權之行使，有債權移轉之效果，故於保險人給付賠償金額後，被保險人對於第三人之請求權即移轉於保險人[5]。例如，承運船舶之所有人甲公司及運送人乙未於發航前及發航時，為必要之注意及措置使船舶有安全航行之能力；或使貨艙及其他供載運貨物部分適合於受載運送或保存，復對於承運貨物之裝卸、搬移、堆存、保管、運送及看守未為必要之注意及處理，致船舶於航行途中沉沒導致貨載全損，船舶之所有人甲公司及運送人乙即有過失，甲公司及運送人乙應負共同侵權行為責任。保險人依保險契約賠付貨物所有人後，得依保險法第53條第1項、民法第185條規定，代位貨物所有人請求甲公司及運送人乙負連帶給付責任。

（二）代位請求範圍

損害賠償應填補被害人實際損害，保險人代位被害人請求損害賠償時，依保險法第53條第1項規定，倘其損害額超過或等於保險人已給付之賠償金額，固得就其賠償之範圍，代位請求賠償；倘其損害額小於保險人已給付之賠償金額，保險人所得代位請求者，應僅以該損害額為限。

肆、案例1解析——善意複保險

一、複保險之定義

關於海上保險，應優先適用海商法，無規定時，始適用保險法規定（海商法第126條）。以船舶價格為保險標的，應適用財產之複保險規定。所謂複保險（plural insurance），係指要保人對於同一保險利益，同一保險事故，與數保險人分別訂立數個保險之契約行為（保險法第35條）。複保險之成立，應以要保人與數保險人分別訂立之數保險契約，並同時存在為必要。倘要保人先後與二以上之保險人訂立保險契約，先

---

[5]　最高法院89年度台上字第1853號民事判決。

行訂立之保險契約，即非複保險，因其保險契約成立時，尚未呈複保險之狀態[6]。

二、複保險之通知

複保險，除另有約定外，要保人應將他保險人之名稱及保險金額通知各保險人（保險法第36條）。要保人故意不爲前開之通知，或意圖不當得利而爲複保險者，其契約無效（保險法第37條）。準此，要保人係惡意複保險者，則保險契約當然無效[7]。

三、複保險之賠償金額

善意之複保險，其保險金額之總額超過保險標的之價值者，除另有約定外，各保險人對於保險標的之全部價值，僅就其所保金額負比例分擔之責。但賠償總額，不得超過保險標的之價值（保險法第38條）。

四、依據投保金額比例向各保險公司請求

善意之複保險，其保險金額之總額超過保險標的之價值者，原則上，各保險人對於保險標的之全部價值，僅就其所保金額負比例分擔之責。準此，船舶所有人甲以其市價新臺幣（下同）1億元之所有A船舶，分別向乙與丙保險公司投保火災險，保險金額分別爲1億元，並履行通知義務，保險金額與保險價額相等，此爲等值保險。A船舶嗣後於保險期間發生火災全毀，甲得依據投保金額比例，各向乙、丙保險公司請求5,000萬元之保險金。

---

[6] 最高法院76年台上字第1166號民事判決。
[7] 最高法院91年度台上字第1992號民事判決。

第二節　海上保險之委付

案例2

> B國籍之甲，其所有之輪船航行至A國某港口，因A國與B國交戰，該船舶遭A國視為敵國船艦扣押，期間已逾2個月，該船舶有向我國乙保險公司投保，其保險價額為新臺幣6,000萬元。試問甲得否依據該扣押事件，向乙公司請求給付保險金額？

壹、委付之定義

所謂海上保險之委付（abandon），係指被保險人於發生本法第143條至第145條委付原因後，雖保險標的未實際全損，其得移轉保險標的物之一切權利於保險人，而請求支付該保險標的物全部保險金額之行為（海商法第142條）。

貳、委付之原因

一、船舶委付之原因

被保險船舶有下列各款情形之一時，得委付之：(一)船舶被捕獲時；(二)船舶不能為修繕或修繕費用超過保險價額時；(三)船舶行蹤不明已逾2個月時；(四)船舶被扣押已逾2個月仍未放行時（海商法第143條第1項）。前開第4款所稱扣押，不包含債權人聲請法院所為之查封（seal up）、假扣押及假處分（第2項）。

二、貨物委付之原因

被保險貨物有下列各款情形之一時，得委付之（海商法第144條）：(一)船舶因遭難，或其他事變不能航行已逾2個月而貨物尚未交付於受貨人、要保人或被保險人時；(二)裝運貨物之船舶，行蹤不明，已逾2個月時；(三)貨物因應由保險人負保險責任之損害，其回復原狀及繼續或轉運至目的地費用總額合併超過到達目的地價值時。

三、運費委付之原因

運費之委付，得於船舶或貨物之委付時為之（海商法第145條）。準此，是運費之委付，不限於船舶行蹤不明達一定期間時，凡船舶或貨物達推定全損時均得為之。

參、委付不可分性與單純性

委付應就保險標的物之全部為之，此為委付不可分性。但保險單上僅有其中一種標的物發生委付原因時，得就該一種標的物為委付請求其保險金額（海商法第146條第1項）。委付不得附有條件，此稱委付單純性（第2項）。

肆、委付之效力

一、積極效力

委付經承諾或經判決為有效後，自發生委付原因之日起，保險標的物即視為保險人所有，委付有溯及既往之效力（海商法第147條第1項）[8]。委付未經承諾前，被保險人對於保險標的物之一切權利不受影響。保險人或被保險人對於保險標的物採取救助、保護或回復之各項措施，不視為已承諾或拋棄委付（第2項）。保險標的物雖經委付而未被承諾前，當事人雙方均得採取救助、保護或回復等各項措施，以避免損失之擴大。保險人應於收到要保人或被保險人證明文件後30日內給付保險金額（海商法第150條第1項）。保險人對於前項證明文件如有疑義，而要保人或被保險人提供擔保時，仍應將保險金額全部給付（第2項）。前項情形，保險人之金額返還請求權，自給付後經過1年不行使而消滅（第3項）。

二、消極效力

要保人或被保險人，於知悉保險之危險發生後，應即通知保險人

---

[8] 最高法院55年度台上字第69號民事判決。

（海商法第149條）。委付之通知一經保險人明示承諾，當事人均不得撤銷（海商法第148條）。要保人或被保險人，自接到貨物之日起，1個月內不將貨物所受損害通知保險人或其代理人時，視為無損害（海商法第151條）。一經委付，保險人即有給付保險金額之義務。委付之權利，要保人或被保險人於知悉委付原因發生後，自得為委付之日起，經過2個月不行使而消滅，其採短期時效期間（海商法第152條）。

伍、案例2解析──委付之效力

被保險船舶被扣押已逾2個月仍未放行時，所有人得委付之（海商法第143條第1項第4款）。將船舶所有權移轉於保險人，而請求支付該保險標的物全部保險金額之行為（海商法第142條）。B國籍之甲，其所有之輪船航行至A國某港口，因A國與B國交戰，該船舶遭A國視為敵國船艦扣押，期間已逾2個月，該船舶有向乙保險公司投保，其保險價額為新臺幣（下同）6,000萬元，甲得通知乙保險公司有委付之原因，經乙保險公司明示承諾後，甲得請求給付保險金額6,000萬元。

習　題

一、海上保險標的之範圍為何？

　　提示：海商法第134條至第137條。

二、何謂海上保險之委付？其原因與效力為何？

　　提示：海商法第142條至第148條。

三、說明委付不可分性與委付單純性。

　　提示：海商法第146條。

第六章

海商民事事件

關鍵詞：提存、管轄競合、終局執行、保全執行、航行完成、普通審判籍、特別審判籍、發航準備完成

　　研讀海商民事事件之重點，在於瞭解海商訴訟事件、海商非訟事件、強制執行事件等相關規範。本章爲使實務與理論相互應證，計有4則案例，分析法律之原則及適用。

第一節　海商訴訟事件

案例1

　　運送人與受貨人持載貨證券請求運送人交付貨物，運送人以運送契約內容為抗辯事由，拒絕交付貨物。受貨人因運送人之主事務所在臺北市中正區，向臺灣臺北地方法院起訴，主張載貨證券之法律關係，請求被告受貨人交付貨物，被告抗辯稱載貨證券記載卸貨港為高雄港，原告應向臺灣高雄地方法院起訴，聲請移轉管轄至臺灣高雄地方法院。試問臺灣臺北地方法院就本件載貨證券所生之爭議，是否有管轄權？

案例2

　　甲所有油輪與乙所有漁船在我國境外發生碰撞，兩者船籍港非我國，乙之漁船因發生碰撞隨即沉沒，甲之油輪亦未經我國扣留。甲係設址於香港之法人，未在我國有主事務所或主營業所。試問乙向臺灣臺北地方法院起訴，向甲請求損害賠償，法院應如何審理？

壹、船舶訴訟之普通管轄法院

一、自然人

（一）被告住居所或原因事實發生地

1. 以原就被原則

　　所謂民事事件之管轄者（jurisdiction），係指依法律規定，將一

定之民事訴訟事件，分配於法院之標準。民事訴訟為保護被告利益，俾於被告應訴，防止原告濫訴，採以原就被原則，以被告住所地（the defendant's domicile）之法院為管轄法院，稱為被告之普通審判籍（民事訴訟法第1條第1項前段）[1]。例如，對於船舶所有人或利用船舶人，因船舶或航行涉訟者，得由船舶所有人或利用船舶人之住所地之法院為管轄法院。例外情形，係被告住所地之法院不能行使職權者，由其居所地（the defendant's residence）法院管轄（第1項中段）。訴之原因事實發生於被告居所地者，亦得由其居所地之法院管轄（第1項後段）[2]。因定法院之管轄，應以起訴時為準。倘被告於其居所地發生訴之原因事實後，在起訴前已離去並廢止該居所，則該原因事實發生地於起訴時已非被告之居所地，該地法院自無本項後段之管轄權。

2. 住所之認定

依一定事實足認以久住之意思，住於一定之地域者，即為設定其住所於該地（民法第20條第1項）。顯見我國民法關於住所之設定，兼採主觀主義及客觀主義之精神，倘當事人主觀有久住一定地域之意思，客觀亦有住於一定地域之事實，該一定之地域即為其住所。而住所雖不以戶籍登記為要件，惟無客觀之事證，足認當事人已久無居住該原登記戶籍之地域，並已變更意思以其他地域為住所者，戶籍登記之處所，得推定為住所[3]。

（二）被告無住居所或不明

被告在中華民國現無住所或住所不明者，以其在中華民國之居所，視為其住所（民事訴訟法第1條第2項前段）；無居所或居所不明者，以其在中華民國最後之住所，視為其住所（第2項後段）。在外國享有治外法權之中華民國人，不能依前二項規定，認定管轄法院者，以中央政府所在地視為其住所地（第3項）。準此，為保護被告利益，防止原告濫訴，管轄適用「以原就被原則」，以被告住所地之法院為管轄法院。例外情形，以原因事實發生地、被告居所地、最後住所地、中央

---

[1]　最高法院92年度台上字第2477號民事判決。

[2]　最高法院65年台抗字第162號民事裁定：管轄權之有無，應依原告主張之事實，依法律關於管轄之規定而為認定，即與其請求之是否成立無涉。

[3]　最高法院100年度台上字第1373號民事判決。

政府所在地之法院爲其補充之管轄法院。

二、法人及其他團體

（一）本國法人

對於公法人（a public juridical person）之訴訟，由其公務所所在地之法院管轄；其以中央或地方機關爲被告時，由該機關所在地之法院管轄（民事訴訟法第2條第1項）。對於私法人（a private juridical person）或其他得爲訴訟當事人之團體之訴訟，由其主事務所（principal office）或主營業所所在地（principal place of business）之法院管轄（第2項）[4]。

（二）外國法人

對於外國法人（a foreign juridical person）或其他得爲訴訟當事人之團體之訴訟，由其在中華民國之主事務所或主營業所所在地之法院管轄（民事訴訟法第2條第3項）。民事事件涉及外國人或外國地者，爲涉外民事事件，內國法院應先確定有國際管轄權，始得受理，繼而依內國法之規定或概念，就爭執之法律關係予以定性後，決定應適用之法律或準據法[5]。

貳、船舶訴訟之特別管轄法院

一、船籍或船舶所在地

對於船舶所有人或利用船舶人，因船舶或航行涉訟者，得由船籍（registration of the ship）所在地之法院管轄（民事訴訟法第7條）。因船舶債權或以船舶擔保之債權涉訟者，得由船舶所在地之法院管轄（民事訴訟法第8條）。例如，原告請求被告給付船舶油料款，其屬船舶債

---

[4] 最高法院93年度台上字第61號民事裁定：民事訴訟法第136條所稱營業所，係指應受送達人從事商業或其他營業之場所而言，初不以其是否爲主營業所爲限，此與同法第2條規定私法人應依其主營業所所在地定普通審判籍，爲屬訴訟管轄法院之規範不同。

[5] 最高法院98年度台上字第2259號民事判決。

權，而原告起訴時，被告所有船舶停靠在臺中港，得由臺灣臺中地方法院管轄。

二、船舶碰撞或海上事故

因侵權行為涉訟者，得由行為地之法院管轄（民事訴訟法第15條第1項）。因船舶碰撞或其他海上事故請求損害賠償而涉訟者，得由受損害之船舶最初到達地，或加害船舶被扣留地，或其船籍港之法院管轄（第2項）。關於碰撞之訴訟，得向下列法院擇一起訴：（一）被告之住所或營業所所在地之法院；（二）碰撞發生地之法院；（三）被告船舶船籍港之法院；（四）船舶扣押地之法院；（五）當事人合意地之法院（海商法第101條）。例如，外國船籍之甲船舶與我國籍之乙船舶，在公海發生碰撞後，甲船舶旋即駛入高雄港，乙船舶所有人向甲船舶所有人請求因船舶碰撞所生損害賠償，甲船舶最初到達所在地為坐落高雄市之高雄港，其為臺灣高雄地方法院管轄區域，就本件船舶碰撞之請求損害賠償事件，具有管轄權（民事訴訟法第15條第2項）。

三、載貨證券所生爭議事件

裝貨港或卸貨港為中華民國港口者之載貨證券所生之爭議，得由我國裝貨港或卸貨港或其他依法有管轄權之法院管轄（海商法第78條第1項）。前項載貨證券訂有仲裁條款者，經契約當事人同意後，得於我國進行仲裁，不受載貨證券內仲裁地或仲裁規則記載之拘束（第2項）。前項規定視為當事人仲裁契約之一部。但當事人於爭議發生後另有書面合意者，不在此限（第3項）。例如，載貨證券記載基隆港為貨物卸貨港，受貨人持載貨證券請求運送人交付貨物，運送人以運送契約內容為抗辯事由，拒絕交付貨物，受貨人得向基隆港所在地之臺灣基隆地方法院提起民事訴訟，以運送人為被告，請求依據載貨證券之法律關係交付貨物（海商法第78條第1項）。

四、共同特別審判籍

共同訴訟之被告數人（codefendants），其住所不在一法院管轄區

域內者,各該住所地之法院均有管轄權(民事訴訟法第20條本文)。但依第4條至第19條規定有共同管轄法院者,由該法院管轄(但書)。申言之,適用本條本文之要件有:(一)須被告為二人以上;(二)須數被告之住所,不在同一法院管轄區域以內;(三)須無民事訴訟法第4條至第19條之共同特別審判籍。倘有共同特別審判籍,不適用各被告住所地法院,均有管轄權之規定。例如,甲所有A船舶、乙所有B船舶及丙所有C船舶,在臺中港區域發生船舶碰撞,經債權人向臺灣臺中地方法院聲請假扣押執行准許在案,因船舶所有人均為外國人,故船舶碰撞事故請求損害賠償而涉訟者,得由扣押船舶所在地之臺灣臺中地方法院管轄(民事訴訟法第15條第2項;海商法第101條第2款、第4款)。

參、船舶訴訟之管轄競合

被告住所、不動產所在地、侵權行為地或其他據以定管轄法院之地,跨連或散在數法院管轄區域內者,各該法院均有管轄權,此為法院管轄權之競合(民事訴訟法第21條)。而同一民事訴訟,數法院有管轄權者,原告得任向其中一法院起訴,此稱原告之選擇管轄權(民事訴訟法第22條)。原告擇一法院起訴,被告不得抗辯該法院無管轄權。例如,船舶碰撞請求損害賠償而涉訟者,得為管轄法院有:受損害之船舶最初到達地之法院、加害船舶被扣留地之法院、船籍港之法院、被告之住所或營業所所在地之法院、碰撞發生地之法院、被告船舶船籍港之法院、船舶扣押地之法院、當事人合意地之法院(民事訴訟法第15條第2項;海商法第101條)。準此,民事訴訟法之管轄法院,為普通程序之規定,而海商法第101條規定碰撞事件之管轄法院,係特別程序法,船舶碰撞事件應優先適用,故當事人縱有合意管轄法院,受有損害之船舶所有人仍得以海商法第101條所列之任一法院起訴,被告不得抗辯非合意管轄法院無管轄權[6]。

---

[6] 民事訴訟法第24條規定:當事人得以合意定第一審管轄法院。但以關於由一定法律關係而生之訴訟為限。前項合意,應以文書證之。

肆、案例解析

一、案例1解析──管轄競合

（一）普通審判籍與特別審判籍競合

對於私法人或其他得為訴訟當事人之團體之訴訟，由其主事務所或主營業所所在地之法院管轄（民事訴訟法第2條第2項）。裝貨港或卸貨港為中華民國港口者之載貨證券所生之爭議，得由我國裝貨港或卸貨港或其他依法有管轄權之法院管轄（海商法第78條第1項）。

同一民事訴訟，數法院有管轄權者，原告得任向其中一法院起訴，此稱原告之選擇管轄權（民事訴訟法第22條）。被告之普通審判籍，僅為法律規定之專屬管轄所排除，不因定有特別審判籍而受影響，故同一訴訟之普通審判籍與特別審判籍，不在一法院管轄區域內者，數法院有管轄權，原告得任向其中一法院起訴，其向被告普通審判籍所在地之法院起訴者，被告不得以另有特別審判籍所在地之法院，而抗辯該法院無管轄權。反之，原告向被告特別審判籍所在地之法院起訴者，被告不得以另有普通審判籍所在地之法院，而抗辯該法院無管轄權。

（二）載貨證券所生爭議事件

如案例1所示，運送人與受貨人持載貨證券請求運送人交付貨物，運送人之主事務所在臺北市中正區，受貨人向臺灣臺北地方法院起訴，主張載貨證券之法律關係，請求受貨人交付貨物。被告雖抗辯稱載貨證券記載卸貨港為高雄港，原告應向臺灣高雄地方法院起訴。然臺灣臺北地方法院為被告受貨人之普通審判籍，臺灣高雄地方法院為被告受貨人之特別審判籍，同一訴訟之普通審判籍與特別審判籍，不在一法院管轄區域內者，數法院有管轄權，原告得任向其中一法院起訴（民事訴訟法第21條）。準此，臺灣臺北地方法院就本件載貨證券所生爭議，具有管轄權，被告聲請移轉管轄至臺灣高雄地方法院，為無理由。

二、案例2解析──船舶碰撞之管轄法院

（一）管轄競合

訴訟由被告住所地之法院管轄。被告住所地之法院不能行使職權

者，由其居所地之法院管轄。訴之原因事實發生於被告居所地者，亦得由其居所地之法院管轄（民事訴訟法第1條第1項）。被告在中華民國現無住所或住所不明者，以其在中華民國之居所，視爲其住所；無居所或居所不明者，以其在中華民國最後之住所，視爲其住所（第2項）。對於私法人或其他得爲訴訟當事人之團體之訴訟，由其主事務所或主營業所所在地之法院管轄（民事訴訟法第2條第1項）。對於外國法人或其他得爲訴訟當事人之團體之訴訟，由其在中華民國之主事務所或主營業所所在地之法院管轄（第2項）。因侵權行爲涉訟者，得由行爲地之法院管轄（民事訴訟法第15條第1項）。因船舶碰撞或其他海上事故請求損害賠償而涉訟者，得由受損害之船舶最初到達地，或加害船舶被扣留地，或其船籍港之法院管轄（第2項）。被告住所、不動產所在地、侵權行爲地或其他據以定管轄法院之地，跨連或散在數法院管轄區域內者，各該法院均有管轄權（民事訴訟法第21條）。關於碰撞之訴訟，得向下列法院起訴：1.被告之住所或營業所所在地之法院；2.碰撞發生地之法院；3.被告船舶船籍港之法院；4.船舶扣押地之法院；5.當事人合意地之法院（海商法第101條）。

（二）法院管轄權之處理

原告之訴，不屬受訴法院管轄而不能爲第28條之裁定者，法院應以裁定駁回之（民事訴訟法第249條第1項第2款）。如案例2所示，甲所有油輪與乙所有漁船在我國境外發生碰撞，兩者船籍港非我國，乙之漁船因發生碰撞隨即沉沒，甲之油輪亦未經我國扣留。甲係設址於香港之法人，未在我國有主事務所或主營業所。乙向臺灣臺北地方法院起訴，向甲請求損害賠償，依海商法第101條、民事訴訟法第1條、第2條、第15條及第21條規定，我國法院對本件訴訟並無管轄權，復不能爲民事訴訟法第28條之移送裁定，法院應裁定駁回乙之起訴[7]。

---

[7] 最高法院108年度台抗字第962號民事裁定。

第二節　海商非訟事件

> 甲將A牌車輛100輛交與乙輪船股份有限公司託運，到達目的地港後，乙公司已通知受貨人丙汽車股份有限公司受領，而丙公司逾期未受領。試問乙公司應如何處理？依據為何？

壹、寄存與拍賣貨物之要件

一、寄存貨物要件

　　貨物運達後，運送人或船長應即通知託運人指定之應受通知人或受貨人（海商法第50條）。受貨人怠於受領貨物時，運送人或船長得以受貨人之費用，將貨物寄存於港埠管理機關或合法經營之倉庫，並通知受貨人（海商法第51條第1項）。受貨人不明或受貨人拒絕受領貨物時，運送人或船長得依前項規定辦理，並通知託運人及受貨人，以代交付，俾於解除責任（第2項）。

二、拍賣貨物要件

　　運送人對於前開貨物，有下列情形之一者，得聲請法院裁定准予拍賣，其於扣除運費或其他相關之必要費用後，依提存法規定，提存其價金之餘額於法院提存所[8]：（一）不能寄存於倉庫；（二）有腐壞之虞；（三）顯見其價值不足抵償運費及其他相關之必要費用（海商法第51條第3項）[9]。準此，貨物之性質易腐敗不適寄存於倉庫或者貨物之價值不足抵償運費、搬運、裝卸、倉儲、保存等費用時，得聲請法院裁定准予拍賣，除使運送人得及時收取其費用外，亦可減免貨主損失之擴大。

8　姜世明，非訟事件法新論，新學林出版股份有限公司，2013年10月，修訂2版，頁369。

9　臺灣高等法院92年度海商上字第2號民事判決。

貳、管轄法院

海商法第51條第3項之貨物拍賣事件，由貨物應受領地之法院管轄，其為非訟事件性質（非訟事件法第193條）。所謂應受領地，係指運送人或船長依運送契約或載貨證券之記載，將貨物運送至應送達之地或目的港，類似於民法之債務清償地[10]。

參、案例3解析──貨物寄存或拍賣

運送人乙公司通知受貨人丙汽車公司受領A牌車輛100輛，因丙公司逾期未受領，乙公司得以丙公司之費用，將貨物寄存於港埠管理機關或合法經營之倉庫，並通知受貨人（海商法第51條第1項）。倘該批車輛有不能寄存於倉庫或顯見其價值不足抵償運費及其他相關之必要費用（第3項第1款、第3款），乙公司得聲請目的地港所在地之法院裁定准予拍賣，扣除運費或其他相關之必要費用後，提存其價金之餘額（非訟事件法第193條）[11]。

第三節　強制執行事件

案例4

債權人甲主張其對於債務人乙有新臺幣（下同）3,000萬元債權，向法院聲請供擔保後假扣押。經法院裁定准以提供1,000萬元擔保後假扣押，並許債務人乙提供3,000萬元擔保後免於假扣押。嗣債權人甲提供1,000萬元擔保後，持該假扣押裁定，聲請對債務人乙名下唯一之財產船舶A執行，債務人乙於假扣押查封程序完成後，即提出該船舶僅值800萬元之鑑定報告，聲請依強制執行法第114條之1第2項規定，以該價額供擔保後聲請撤銷假扣押。試問執行法院應否准其聲請？有無理由？

---

[10] 葛義才，非訟事件法論，三民書局股份有限公司，2008年5月，再版，頁298。

[11] 林洲富，實用非訟事件法，五南圖書出版股份有限公司，2021年6月，13版1刷，頁365至366。

壹、船舶之執行（93執達員）

一、適用不動產執行之船舶

　　海商法規定之船舶，其主要目的在於藉航行而獲利，雖准許債權人任意聲請查封，對船舶所有人、託運人、受貨人均有負面之影響。惟不許查封，對債權人之債權保障，顯屬不公平，是強制執行法第114條針對相關人之權益，加以規範。詳言之，船舶雖屬民法之動產，然因海商法上之船舶具有特殊性，是本法規定海商法所定之船舶及建造中之船舶，其強制執行，除本法另有規定外，準用關於不動產執行之規定（強制執行法第114條第1項）。適用不動產執行之船舶，茲分述如後（海商法第1條、第3條）：（一）海船，係在海上航行，或在與海相通水面或水中航行之船舶；（二）大船，即動力船舶總噸位20噸以上，非動力船舶總噸位50噸以上；（三）商船，即非軍事建制之艦艇或專用於公務之船舶；（四）主要目的供航行之用；（五）建造中之船舶，即指自安放龍骨或相當於安放龍骨之時起，至其成為海商法所定之船舶時為止之船舶而言（辦理強制執行事件應行注意事項第61點(一)）[12]。

二、適用動產執行之船舶

　　海商法以外之船舶拍賣，適用動產執行程序。其包括非海船、小船、軍事建制之艦艇或專用於公務之船舶（海商法第3條；辦理強制執行事件應行注意事項第61點(十二)）。

貳、管轄法院

　　船舶執行之管轄法院，其立法例有三：船舶所在地主義、船舶停泊港主義及船籍港主義。強制執行由應執行之標的物所在地或應為執行行為地之法院管轄（強制執行法第7條第1項）。準此，我國採船舶所在地

---

[12] 林洲富，實用強制執行法精義，五南圖書出版股份有限公司，2020年9月，15版1刷，頁323。

主義，係以執行標的之船舶所在地之法院為管轄法院[13]。船舶之強制執行，執行法院於必要時，得請警察、航政機關或其他有關機關協助（辦理強制執行事件應行注意事項第61點(四)）。

參、船舶查封方法

一、揭　示

　　國境內航行船舶之保全程序，得以揭示方法為之，其於揭示行為完成時，發生查封效力（海商法第4條第2項；強制執行法第76條第1項第1款）。對於船舶之查封，除為查封之標示及追繳船舶文書外，應使其停泊於指定之處所，並即通知當地航政主管機關。而國內航行船舶之假扣押，得以揭示方法為之。以揭示方法執行假扣押時，應同時頒發船舶航行許可命令，明示准許航行之目的港、航路與期間；並通知當地航政主管機關及關稅局（辦理強制執行事件應行注意事項第61點(二)）。

二、封　閉

　　海商法所定之船舶，其強制執行，除本法另有規定外，準用關於不動產執行之規定；建造中之船舶亦同。故查封船舶，得適用封閉方式（強制執行法第76條第1項第2款）。職是，法院得命令禁止進入船舶，以防不相關之第三人隨意進出，影響執行之成效。

三、追繳船舶應具備之文書

　　就船舶之終局執行，或非航行國內船舶之假扣押，應予揭示，於揭示行為完成時，發生查封效力。船舶於查封後，應取去證明船舶國籍之文書，使其無法自由行駛各國港口，防止其逃逸（強制執行法第76條第1項第3款）。其追繳船舶之文書有（船舶法第11條第2項）：（一）船舶國籍證書或臨時船舶國籍證書；（二）船舶檢查證書或依有關國際

---

[13] 張新平，船舶強制執行之範圍、管轄法院及執行方法，收錄於楊與齡主編，強制執行法實例問題分析，五南圖書出版股份有限公司，2002年7月，初版2刷，頁280至281。

公約應備之證書。載運大量散裝固體、液體、氣體貨物、散裝貨油或危險品者，並應具備第33條第1項或第34條第1項規定之文書；（三）船舶噸位證書；（四）船員最低安全配額證書；（五）船員名冊；（六）船舶載重線證書，但依第51條所定規則規定，在技術上無勘劃載重線必要者，不在此限；（七）載有乘客者，其客船安全證書或貨船搭客證書，客船應備乘客名冊，但客船航行於本國江河湖泊、內陸水道、港區內及其他主管機關公告指定之水域，不在此限；（八）總噸位100以上或乘客定額超過150人之客船，其於2010年12月10日以後建造或自國外輸入者，應具備主管機關委託之驗船機構核發之船級證書；（九）前款客船於2010年12月10日前建造或自國外輸入，且船齡超過20年以上航行外海及沿海者，自本法2018年11月6日修正之條文施行日起1年後之第一次特別檢查起，應具備主管機關委託之驗船機構核發之船級證書，未經主管機關委託之驗船機構建造中檢驗者，申請入級前另應先取得造船技師簽證之圖說及計算書；（十）前二款以外之客船，其船齡超過20年者，自本法2018年11月6日修正之條文施行日起1年後之第一次特別檢查起，應具備造船技師簽證有效期限不超過2年之有效船況評估報告；（十一）航海、輪機日誌；（十二）其他經主管機關公告之文書。

四、停泊指定處所

　　查封之船舶，應阻止其航行，自應指定其停泊處所，俾於應買人查看及拍賣後交付。如為我國船舶查封，應通知船籍港之航政主管機關為查封登記（強制執行法第114條之1第1項）。準此，對於船舶之查封，除為查封之標示及追繳船舶文書外，應使其停泊於指定之處所，並通知當地航政主管機關。而國內航行船舶之假扣押，得以揭示方法為之（海商法第4條第2項）。船舶經查封後，得委託航政機關、船長或其他妥適之人或機關、團體保管；並得許可為必要之保存及移泊行為。保管、保存及移泊費用，得命債權人預納（辦理強制執行事件應行注意事項第61點(五)）。

肆、船舶查封限制[14]

一、終局執行

　　僅須債務人之船舶位於我國領域內,不問何時及何種債務,債權人均得聲請執行法院實施強制執行。職是,對於船舶之強制執行,自運送人或船長發航準備完成時起,以迄航行完成時止,仍得為之(強制執行法第114條第2項)。

二、保全執行

　　船舶保全程序之強制執行,其於船舶發航準備完成時起,以迄航行至次一停泊港時止,不得為之。但為使航行可能所生之債務,或因船舶碰撞所生之損害,不在此限。國境內航行船舶之保全程序,得以揭示方法為之。原則上對於船舶之查封,自運送人或船長發航準備完成時起,以迄航行完成時止,不得為之。例外情形,使航行可能發生之債權或船舶碰撞之損害賠償,可為保全程序(強制執行法第114條第2項、第3項;海商法第4條)。例如,債務人所有A船舶自舊金山出發經基隆、高雄開往目的地新加坡。A船舶現停泊於基隆港,並已完成航行準備,此際執行法院不得實施假扣押。詳言之,就船舶為保全程序之執行,僅得於運送人或船長發航準備完成前或於航行完成後,始得為之。例外情形,保全程序之目的,係保全為使航行可能所生之債權及船舶碰撞所生之債權者。所謂為使航行可能所生之債權,包含為備航而購置燃料、糧食及修繕等所生債權(辦理強制執行事件應行注意事項第61點(三))。

三、發航準備完成適用實質主義

　　發航準備完成之判斷,有形式主義與實質主義。所謂形式主義,係指船長已取得當地航政主管機關核准發航與海關准結關放行,即屬發航準備完成。所謂發航準備完成者,係指法律上及事實上得開始航行之狀態而言。例如,船長已取得當地航政主管機關核准發航與海關准結

---

[14] 張新平,船舶查封之限制,收錄於楊與齡主編,強制執行法實例問題分析,五南圖書出版股份有限公司,2002年7月,初版2刷,頁169至271。

關放行及必需品之補給已完成，並已配置相當海員、設備及船舶之供應等（辦理強制執行事件應行注意事項第61點(三)）。發航準備完成之通說，適用實質主義。

四、航行完成適用航段主義

航行完成之判斷，有航程主義與航段主義。所謂航程主義，係指航行完成為船舶抵達預定之最後目的港。所謂航段主義，係指航行完成為船舶到達下次預定停泊之商港。航段主義對債權人保障較佳，避免船舶離開我國領域，導致無法查封。是航行完成之通說，適用航段主義。

五、供擔保撤銷船舶之查封

債務人或利害關係人，得以債權額及執行費用額或船舶之價額，提供擔保金額或相當物品，聲請撤銷船舶之查封（強制執行法第114條之1第2項）。債權額包括參與分配之債權額。而因查封所提供之擔保物品，依序為現金、有價證券，或債務人與金融機構所締結之支付保證證明文書，該證明文書須載明金融機構應隨時依執行法院之通知，為債務人繳納一定金額（辦理強制執行事件應行注意事項第61點(六)）。前項擔保，得由保險人或經營保證業務之銀行出具擔保書代之。擔保書應載明債務人不履行義務時，由其負責清償或併賠償一定之金額（第3項）。撤銷船舶之查封時，得就該項擔保續行執行。倘擔保人不履行義務時，執行法院得因債權人之聲請，逕向擔保人為強制執行（第4項）[15]。就債權額及執行費用額提供擔保者，而於擔保提出後，他債權人對該擔保不得再聲明參與分配（第5項）。第1項但書情形，不影響海商法第24條第1項第1款之優先受償權（第6項）[16]。

---

[15] 最高法院71年度台上字第1893號民事判決。

[16] 海商法第24條規定：下列各款為海事優先權擔保之債權，有優先受償之權：1.船長、海員及其他在船上服務之人員，本於僱傭契約所生之債權；2.因船舶操作直接所致人身傷亡，對船舶所有人之賠償請求；3.救助之報酬、清除沉船費用及船舶共同海損分擔額之賠償請求；4.因船舶操作直接所致陸上或水上財物毀損滅失，對船舶所有人基於侵權行為之賠償請求；5.港埠費、運河費、其他水道費及引水費。前項海事優先權之位次，在船舶抵押權之前。

伍、船舶之拍賣與變賣

一、拍賣與變賣程序

　　拍賣船舶之公告，除記載強制執行法第81條第2項第2款至第5款事項外，並應載明船名、船種、總噸位、船舶國籍、船籍港、停泊港及其他事項，揭示於執行法院、船舶所在地及船籍港所在地航政主管機關牌示處（強制執行法第114條之2第2項）[17]。船舶得經應買人、債權人及債務人同意變賣之，並於買受人繳足價金後，由執行法院發給權利移轉證書（第3項）。而變賣所賣得價金足以清償債權人之債權者，無須得債權人同意（第4項）。拍賣船舶，執行法院應囑託船舶製造業者、航政機關、船長同業公會或其他妥適之人或機關、團體估定其價額，經核定後，以為拍賣最低價額（辦理強制執行事件應行注意事項第61點(七)）。拍賣船舶公告應記載之其他事項，須記明「船舶國籍證明書」是否為執行法院所扣留（辦理強制執行事件應行注意事項第61點(八)）。船舶應具備之文書，其於船舶拍賣或變賣後，執行法院應命債務人或船長交出，或以直接強制方法將其取交買受人或承受人，對於船舶有關證書，執行法院並得以公告方式宣告該證書無效，另作證明書發給買受人或承受人（辦理強制執行事件應行注意事項第61點(九)）。

二、共有船舶之拍賣

　　共有物應有部分第一次之拍賣，執行法院應通知他共有人。但無法通知時，不在此限（強制執行法第102條第1項）。最低拍賣價額，就共有物全部估價，按債務人應有部分比例定之（第2項）。船舶應有部分

---

[17] 強制執行法第81條第2項規定：前項公告，應載明下列事項：1.不動產之所在地、種類、實際狀況、占有使用情形、調查所得之海砂屋、輻射屋、地震受創、嚴重漏水、火災受損、建物內有非自然死亡或其他足以影響交易之特殊情事及其應記明之事項；2.拍賣之原因、日期及場所。如以投標方法拍賣者，其開標之日時及場所，定有保證金額者，其金額；3.拍賣最低價額；4.交付價金之期限；5.閱覽查封筆錄之處所及日、時；6.定有應買資格或條件者，其資格或條件；7.拍賣後不點交者，其原因；8.定有應買人察看拍賣物之日、時者，其日、時。

之拍賣或變賣，他共有人有優先承買權。此項執行，除應依強制執行法第102條規定辦理外，非得共有人全體同意，不得使該船舶喪失我國之國籍（辦理強制執行事件應行注意事項第61點(十一)）。

陸、外國船舶之執行

外國船舶經中華民國法院拍賣者，關於船舶之優先權及抵押權，依船籍國法。當事人對優先權與抵押權之存在所擔保之債權額或優先次序有爭議者，應由主張有優先權或抵押權之人，訴請執行法院裁判；在裁判確定前，其應受償之金額，應予提存（強制執行法第114條之3）[18]。申言之，僅在當事人對於優先權或抵押權之存在，所擔保之債權額或優先次序無爭執之情形，始適用船籍國法。當事人有所爭執時，應由主張有優先權或抵押權之人訴請法院裁判，法院認定其有無優先權或抵押權，應斟酌國際私法上相互承認之原則，倘外國法不承認依中華民國法律所定優先權或抵押權之效力，得拒絕適用外國法有關優先權或抵押權之規定，是外國法所定優先權或抵押權之效力，非當然及於我國領域[19]。然有認為依強制執行法第114條之3適用船籍國法時，不得以該船籍國法不承認我國法而拒絕適用該船籍國法（辦理強制執行事件應行注意事項第61點(十)）。

柒、案例4解析──提供船舶價額撤銷查封

債務人於查封後，得於拍定前提出現款，聲請撤銷查封（強制執行法第58條第1項）。債務人或利害關係人，得以債權額及執行費用額或船舶之價額，提供擔保金額或相當物品，聲請撤銷船舶之查封（強制執行法第114條之1第2項）。強制執行法第114條之1第2項係同法第58條第1項之特別規定，應優先適用。強制執行法第114條之1第2項明定，債務人或利害關係人得以債權額及執行費用額或船舶之價額供擔保後，聲請撤銷船舶之查封，此項擔保金額或物品，係原查封船舶之代替物，現債

---

[18] 最高法院104年度台上字第2197號民事判決。
[19] 最高法院70年度台上字第338號民事判決。

務人提供船價新臺幣800萬元供擔保，執行法院應予准許[20]。

習　題

一、說明船舶碰撞事件之管轄法院。

　　提示：民事訴訟法第15條、海商法第101條。

二、說明運送人或船長寄存貨物與聲請法院裁定拍賣貨物之要件為
何？貨物拍賣事件之法院管轄為何？

　　提示：海商法第50條、第51條第1項、非訟事件法第193條。

三、比較船舶終局執行與保全執行，兩者執行期間有何不同？

　　提示：強制執行法第114條第2項、第3項、海商法第4條。

四、說明船舶之變賣程序為何？

　　提示：強制執行法第114條之2。

五、說明外國船舶經中華民國法院拍賣者，關於船舶之優先權及抵押
權之準據法為何？當事人對優先權或抵押權有爭議時，應如何處
理？

　　提示：強制執行法第114條之3。

---

20 臺灣高等法院暨所屬法院103年法律座談會民執類提案第15號。

參考文獻
BIBLIOGRAPHY

王立中，商事法新論，三民書局股份有限公司，2005年10月，修訂7版1刷。

林洲富，民法案例式，五南圖書出版股份有限公司，2020年9月，8版1刷。

林洲富，商事法實例解析，五南圖書出版股份有限公司，2021年7月，12版1刷。

林洲富，實用非訟事件法，五南圖書出版股份有限公司，2021年6月，13版1刷。

林洲富，實用強制執行法精義，五南圖書出版股份有限公司，2020年9月，15版1刷。

姜世明，非訟事件法新論，新學林出版股份有限公司，2013年10月，修訂2版。

張新平，船舶查封之限制，收錄於楊與齡主編，強制執行法實例問題分析，五南圖書出版股份有限公司，2002年7月，初版2刷。

葛義才，非訟事件法論，三民書局股份有限公司，2008年5月，再版。

劉宗榮，海商法，三民書局股份有限公司，2021年1月，修訂4版1刷。

附錄一　海商法

民國98年7月8日總統令修正公布。

第一章　通　則

第1條

　本法稱船舶者，謂在海上航行，或在與海相通之水面或水中航行之船舶。

第2條

　本法稱船長者，謂受船舶所有人僱用主管船舶一切事務之人員；稱海員者，謂受船舶所有人僱用由船長指揮服務於船舶上所有人員。

第3條

　下列船舶除因碰撞外，不適用本法之規定：

一、船舶法所稱之小船。

二、軍事建制之艦艇。

三、專用於公務之船舶。

四、第一條規定以外之其他船舶。

第4條

　船舶保全程序之強制執行，於船舶發航準備完成時起，以迄航行至次一停泊港時止，不得為之。但為使航行可能所生之債務，或因船舶碰撞所生之損害，不在此限。

　國境內航行船舶之保全程序，得以揭示方法為之。

第5條

　海商事件，依本法之規定，本法無規定者，適用其他法律之規定。

第二章　船　舶

第一節　船舶所有權

第6條

　船舶除本法有特別規定外，適用民法關於動產之規定。

第7條

除給養品外，凡於航行上或營業上必需之一切設備及屬具，皆視爲船舶之一部。

第8條

船舶所有權或應有部分之讓與，非作成書面並依下列之規定，不生效力：

一、在中華民國，應申請讓與地或船舶所在地航政主管機關蓋印證明。

二、在外國，應申請中華民國駐外使領館、代表處或其他外交部授權機構蓋印證明。

第9條

船舶所有權之移轉，非經登記，不得對抗第三人。

第10條

船舶建造中，承攬人破產而破產管理人不爲完成建造者，船舶定造人，得將船舶及業經交付或預定之材料，照估價扣除已付定金給償收取之，並得自行出資在原處完成建造。但使用船廠應給與報償。

第11條

共有船舶之處分及其他與共有人共同利益有關之事項，應以共有人過半數並其應有部分之價值合計過半數之同意爲之。

第12條

船舶共有人有出賣其應有部分時，其他共有人，得以同一價格儘先承買。

因船舶共有權一部分之出賣，致該船舶喪失中華民國國籍時，應得共有人全體之同意。

第13條

船舶共有人，以其應有部分供抵押時，應得其他共有人過半數之同意。

第14條

船舶共有人，對於利用船舶所生之債務，就其應有部分，負比例分擔之責。

共有人對於發生債務之管理行爲，曾經拒絕同意者，關於此項債務，得委棄其應有部分於他共有人而免其責任。

第15條

船舶共有人爲船長而被辭退或解任時，得退出共有關係，並請求返還其應有部分之資金。

前項資金數額，依當事人之協議定之，協議不成時，由法院裁判之。

第一項所規定退出共有關係之權，自被辭退之日起算，經一個月不行使而消滅。

第16條

共有關係，不因共有人中一人之死亡、破產或受監護宣告而終止。

第17條

船舶共有人，應選任共有船舶經理人，經營其業務，共有船舶經理人之選任，應以共有人過半數，並其應有部分之價值合計過半數之同意為之。

第18條

共有船舶經理人關於船舶之營運，在訴訟上或訴訟外代表共有人。

第19條

共有船舶經理人，非經共有人依第十一條規定之書面委任，不得出賣或抵押其船舶。

船舶共有人，對於共有船舶經理人權限所加之限制，不得對抗善意第三人。

第20條

共有船舶經理人，於每次航行完成後，應將其經過情形，報告於共有人，共有人亦得隨時檢查其營業情形，並查閱帳簿。

第21條

船舶所有人對下列事項所負之責任，以本次航行之船舶價值、運費及其他附屬費為限：

一、在船上、操作船舶或救助工作直接所致人身傷亡或財物毀損滅失之損害賠償。

二、船舶操作或救助工作所致權益侵害之損害賠償。但不包括因契約關係所生之損害賠償。

三、沈船或落海之打撈移除所生之債務。但不包括依契約之報酬或給付。

四、為避免或減輕前二款責任所負之債務。

前項所稱船舶所有人，包括船舶所有權人、船舶承租人、經理人及營運人。

第一項所稱本次航行，指船舶自一港至次一港之航程；所稱運費，不包括依法或依約不能收取之運費及票價；所稱附屬費，指船舶因受損害應得之賠償。但不包括保險金。

第一項責任限制數額如低於下列標準者，船舶所有人應補足之：

一、對財物損害之賠償，以船舶登記總噸，每一總噸為國際貨幣基金，特別提款權五四計算單位，計算其數額。

二、對人身傷亡之賠償，以船舶登記總噸，每一總噸特別提款權一六二計算單位計算其數額。

三、前二款同時發生者，以船舶登記總噸，每一總噸特別提款權一六二計算單位計算其數額。但人身傷亡應優先以船舶登記總噸，每一總噸特別提款權一〇八計算單位計算之數額內賠償，如此數額不足以全部清償時，其不足額再與財物之毀損滅失，共同在現存之責任限制數額內比例分配之。

四、船舶登記總噸不足三百噸者，以三百噸計算。

第22條

前條責任限制之規定，於下列情形不適用之：

一、本於船舶所有人本人之故意或過失所生之債務。

二、本於船長、海員及其他服務船舶之人員之僱用契約所生之債務。

三、救助報酬及共同海損分擔額。

四、船舶運送毒性化學物質或油污所生損害之賠償。

五、船舶運送核子物質或廢料發生核子事故所生損害之賠償。

六、核能動力船舶所生核子損害之賠償。

第23條

船舶所有人，如依第二十一條之規定限制其責任者，對於本次航行之船舶價值應證明之。

船舶價值之估計，以下列時期之船舶狀態為準：

一、因碰撞或其他事變所生共同海損之債權，及事變後以迄於第一到達港時所生之一切債權，其估價依船舶於到達第一港時之狀態。

二、關於船舶在停泊港內發生事變所生之債權，其估價依船舶在停泊港內事變發生後之狀態。

三、關於貨載之債權或本於載貨證券而生之債權，除前二款情形外，其估價依船舶於到達貨物之目的港時，或航行中斷地之狀態，如貨載應送達於數個不同之港埠，而損害係因同一原因而生者，其估價依船舶於到達該

數港中之第一港時之狀態。

四、關於第二十一條所規定之其他債權，其估價依船舶航行完成時之狀態。

第二節　海事優先權

第24條

下列各款為海事優先權擔保之債權，有優先受償之權：

一、船長、海員及其他在船上服務之人員，本於僱傭契約所生之債權。

二、因船舶操作直接所致人身傷亡，對船舶所有人之賠償請求。

三、救助之報酬、清除沈船費用及船舶共同海損分擔額之賠償請求。

四、因船舶操作直接所致陸上或水上財物毀損滅失，對船舶所有人基於侵權行為之賠償請求。

五、港埠費、運河費、其他水道費及引水費。

前項海事優先權之位次，在船舶抵押權之前。

第25條

建造或修繕船舶所生債權，其債權人留置船舶之留置權位次，在海事優先權之後，船舶抵押權之前。

第26條

本法第二十二條第四款至第六款之賠償請求，不適用本法有關海事優先權之規定。

第27條

依第二十四條之規定，得優先受償之標的如下：

一、船舶、船舶設備及屬具或其殘餘物。

二、在發生優先債權之航行期內之運費。

三、船舶所有人因本次航行中船舶所受損害，或運費損失應得之賠償。

四、船舶所有人因共同海損應得之賠償。

五、船舶所有人在航行完成前，為施行救助所應得之報酬。

第28條

第二十四條第一項第一款之債權，得就同一僱傭契約期內所得之全部運費，優先受償，不受前條第二款之限制。

第29條

屬於同次航行之海事優先權,其位次依第二十四條各款之規定。

一款中有數債權者,不分先後,比例受償。

第二十四條第一項第三款所列債權,如有二個以上屬於同一種類,其發生在後者優先受償。救助報酬之發生應以施救行為完成時為準。

共同海損之分擔,應以共同海損行為發生之時為準。

因同一事變所發生第二十四條第一項各款之債權,視為同時發生之債權。

第30條

不屬於同次航行之海事優先權,其後次航行之海事優先權,先於前次航行之海事優先權。

第31條

海事優先權,不因船舶所有權之移轉而受影響。

第32條

第二十四條第一項海事優先權自其債權發生之日起,經一年而消滅。但第二十四條第一項第一款之賠償,自離職之日起算。

第三節　船舶抵押權

第33條

船舶抵押權之設定,應以書面為之。

第34條

船舶抵押權,得就建造中之船舶設定之。

第35條

船舶抵押權之設定,除法律別有規定外,僅船舶所有人或受其特別委任之人始得為之。

第36條

船舶抵押權之設定,非經登記,不得對抗第三人。

第37條

船舶共有人中一人或數人,就其應有部分所設定之抵押權,不因分割或出賣而受影響。

第三章　運　送

第一節　貨物運送

第38條

貨物運送契約為下列二種：

一、以件貨之運送為目的者。

二、以船舶之全部或一部供運送為目的者。

第39條

以船舶之全部或一部供運送為目的之運送契約，應以書面為之。

第40條

前條運送契約應載明下列事項：

一、當事人姓名或名稱，及其住所、事務所或營業所。

二、船名及對船舶之說明。

三、貨物之種類及數量。

四、契約期限或航程事項。

五、運費。

第41條

以船舶之全部或一部供運送之契約，不因船舶所有權之移轉而受影響。

第42條

運送人所供給之船舶有瑕疵，不能達運送契約之目的時，託運人得解除契約。

第43條

以船舶之全部供運送時，託運人於發航前得解除契約。但應支付運費三分之一，其已裝載貨物之全部或一部者，並應負擔因裝卸所增加之費用。

前項如為往返航程之約定者，託運人於返程發航前要求終止契約時，應支付運費三分之二。

前二項之規定，對於當事人之間，關於延滯費之約定不受影響。

第44條

以船舶之一部供運送時，託運人於發航前，非支付其運費之全部，不得解除契約。如託運人已裝載貨物之全部或一部者，並應負擔因裝卸所增加之費用

及賠償加於其他貨載之損害。

前項情形，託運人皆為契約之解除者，各託運人僅負前條所規定之責任。

第45條

前二條之規定，對船舶於一定時期內供運送或為數次繼續航行所訂立之契約，不適用之。

第46條

以船舶之全部於一定時期內供運送者，託運人僅得以約定或以船舶之性質而定之方法，使為運送。

第47條

前條託運人，僅就船舶可使用之期間，負擔運費。但因航行事變所生之停止，仍應繼續負擔運費。

前項船舶之停止，係因運送人或其代理人之行為或因船舶之狀態所致者，託運人不負擔運費，如有損害，並得請求賠償。

船舶行蹤不明時，託運人以得最後消息之日為止，負擔運費之全部，並自最後消息後，以迄於該次航行通常所需之期間應完成之日，負擔運費之半數。

第48條

以船舶之全部或一部供運送者，託運人所裝載貨物，不及約定之數量時，仍應負擔全部之運費。但應扣除船舶因此所減省費用之全部，及因另裝貨物所取得運費四分之三。

第49條

託運人因解除契約，應付全部運費時，得扣除運送人因此減省費用之全部，及另裝貨物所得運費四分之三。

第50條

貨物運達後，運送人或船長應即通知託運人指定之應受通知人或受貨人。

第51條

受貨人怠於受領貨物時，運送人或船長得以受貨人之費用，將貨物寄存於港埠管理機關或合法經營之倉庫，並通知受貨人。

受貨人不明或受貨人拒絕受領貨物時，運送人或船長得依前項之規定辦理，並通知託運人及受貨人。

運送人對於前二項貨物有下列情形之一者，得聲請法院裁定准予拍賣，於扣

除運費或其他相關之必要費用後提存其價金之餘額：

一、不能寄存於倉庫。

二、有腐壞之虞。

三、顯見其價值不足抵償運費及其他相關之必要費用。

第52條

以船舶之全部或一部供運送者，運送人非於船舶完成裝貨或卸貨準備時，不得簽發裝貨或卸貨準備完成通知書。

裝卸期間自前項通知送達之翌日起算，期間內不工作休假日及裝卸不可能之日不算入。但超過合理裝卸期間者，船舶所有人得按超過之日期，請求合理之補償。

前項超過裝卸期間，休假日及裝卸不可能之日亦算入之。

第53條

運送人或船長於貨物裝載後，因託運人之請求，應發給載貨證券。

第54條

載貨證券，應載明下列各款事項，由運送人或船長簽名：

一、船舶名稱。

二、託運人之姓名或名稱。

三、依照託運人書面通知之貨物名稱、件數或重量，或其包裝之種類、個數及標誌。

四、裝載港及卸貨港。

五、運費交付。

六、載貨證券之份數。

七、填發之年月日。

前項第三款之通知事項，如與所收貨物之實際情況有顯著跡象，疑其不相符合，或無法核對時，運送人或船長得在載貨證券內載明其事由或不予載明。

載貨證券依第一項第三款為記載者，推定運送人依其記載為運送。

第55條

託運人對於交運貨物之名稱、數量，或其包裝之種類、個數及標誌之通知，應向運送人保證其正確無訛，其因通知不正確所發生或所致之一切毀損、滅失及費用，由託運人負賠償責任。

運送人不得以前項託運人應負賠償責任之事由，對抗託運人以外之載貨證券持有人。

第56條

貨物一經有受領權利人受領，推定運送人已依照載貨證券之記載，交清貨物。但有下列情事之一者，不在此限：

一、提貨前或當時，受領權利人已將毀損滅失情形，以書面通知運送人者。

二、提貨前或當時，毀損滅失經共同檢定，作成公證報告書者。

三、毀損滅失不顯著而於提貨後三日內，以書面通知運送人者。

四、在收貨證件上註明毀損或滅失者。

貨物之全部或一部毀損、滅失者，自貨物受領之日或自應受領之日起，一年內未起訴者，運送人或船舶所有人解除其責任。

第57條

運送人或船舶所有人所受之損害，非由於託運人或其代理人受僱人之過失所致者，託運人不負賠償責任。

第58條

載貨證券有數份者，在貨物目的港請求交付貨物之人，縱僅持有載貨證券一份，運送人或船長不得拒絕交付。不在貨物目的港時，運送人或船長非接受載貨證券之全數，不得為貨物之交付。

二人以上之載貨證券持有人請求交付貨物時，運送人或船長應即將貨物按照第五十一條之規定寄存，並通知曾為請求之各持有人，運送人或船長，已依第一項之規定，交付貨物之一部後，他持有人請求交付貨物者，對於其賸餘之部分亦同。

載貨證券之持有人有二人以上者，其中一人先於他持有人受貨物之交付時，他持有人之載貨證券對運送人失其效力。

第59條

載貨證券之持有人有二人以上，而運送人或船長尚未交付貨物者，其持有先受發送或交付之證券者，得先於他持有人行使其權利。

第60條

民法第六百二十七條至第六百三十條關於提單之規定，於載貨證券準用之。

以船舶之全部或一部供運送為目的之運送契約另行簽發載貨證券者，運送人

與託運人以外載貨證券持有人間之關係，依載貨證券之記載。

第61條

以件貨運送為目的之運送契約或載貨證券記載條款、條件或約定，以減輕或免除運送人或船舶所有人，對於因過失或本章規定應履行之義務而不履行，致有貨物毀損、滅失或遲到之責任者，其條款、條件或約定不生效力。

第62條

運送人或船舶所有人於發航前及發航時，對於下列事項，應為必要之注意及措置：

一、使船舶有安全航行之能力。

二、配置船舶相當船員、設備及供應。

三、使貨艙、冷藏室及其他供載運貨物部分適合於受載、運送與保存。

船舶於發航後因突失航行能力所致之毀損或滅失，運送人不負賠償責任。

運送人或船舶所有人為免除前項責任之主張，應負舉證之責。

第63條

運送人對於承運貨物之裝載、卸載、搬移、堆存、保管、運送及看守，應為必要之注意及處置。

第64條

運送人知悉貨物為違禁物或不實申報物者，應拒絕載運。其貨物之性質足以毀損船舶或危害船舶上人員健康者亦同。但為航運或商業習慣所許者，不在此限。

運送人知悉貨物之性質具易燃性、易爆性或危險性並同意裝運後，若此貨物對於船舶或貨載有危險之虞時，運送人得隨時將其起岸、毀棄或使之無害、運送人除由於共同海損者外，不負賠償責任。

第65條

運送人或船長發見未經報明之貨物，得在裝載港將其起岸，或使支付同一航程同種貨物應付最高額之運費，如有損害並得請求賠償。

前項貨物在航行中發見時，如係違禁物或其性質足以發生損害者，船長得投棄之。

第66條

船舶發航後，因不可抗力不能到達目的港而將原裝貨物運回時，縱其船舶約

定為去航及歸航之運送，託運人僅負擔去航運費。

第67條

船舶在航行中，因海上事故而須修繕時，如託運人於到達目地港前提取貨物者，應付全部運費。

第68條

船舶在航行中遭難或不能航行，而貨物仍由船長設法運到目地港時，如其運費較低於約定之運費者，託運人減支兩運費差額之半數。

如新運費等於約定之運費，託運人不負擔任何費用，如新運費較高於約定之運費，其增高額由託運人負擔之。

第69條

因下列事由所發生之毀損或滅失，運送人或船舶所有人不負賠償責任：

一、船長、海員、引水人或運送人之受僱人，於航行或管理船舶之行為而有過失。

二、海上或航路上之危險、災難或意外事故。

三、非由於運送人本人之故意或過失所生之火災。

四、天災。

五、戰爭行為。

六、暴動。

七、公共敵人之行為。

八、有權力者之拘捕、限制或依司法程序之扣押。

九、檢疫限制。

十、罷工或其他勞動事故。

十一、救助或意圖救助海上人命或財產。

十二、包裝不固。

十三、標誌不足或不符。

十四、因貨物之固有瑕疵、品質或特性所致之耗損或其他毀損滅失。

十五、貨物所有人、託運人或其代理人、代表人之行為或不行為。

十六、船舶雖經注意仍不能發現之隱有瑕疵。

十七、其他非因運送人或船舶所有人本人之故意或過失及非因其代理人、受僱人之過失所致者。

第70條

託運人於託運時故意虛報貨物之性質或價值，運送人或船舶所有人對於其貨物之毀損或滅失，不負賠償責任。

除貨物之性質及價值於裝載前，已經託運人聲明並註明於載貨證券者外，運送人或船舶所有人對於貨物之毀損滅失，其賠償責任，以每件特別提款權六六六・六七單位或每公斤特別提款權二單位計算所得之金額，兩者較高者為限。

前項所稱件數，係指貨物託運之包裝單位。其以貨櫃、墊板或其他方式併裝運送者，應以載貨證券所載其內之包裝單位為件數。但載貨證券未經載明者，以併裝單位為件數。其使用之貨櫃係由託運人提供者，貨櫃本身得作為一件計算。

由於運送人或船舶所有人之故意或重大過失所發生之毀損或滅失，運送人或船舶所有人不得主張第二項單位限制責任之利益。

第71條

為救助或意圖救助海上人命、財產，或因其他正當理由偏航者，不得認為違反運送契約，其因而發生毀損或滅失時，船舶所有人或運送人不負賠償責任。

第72條

貨物未經船長或運送人之同意而裝載者，運送人或船舶所有人，對於其貨物之毀損或滅失，不負責任。

第73條

運送人或船長如將貨物裝載於甲板上，致生毀損或滅失時，應負賠償責任。但經託運人之同意並載明於運送契約或航運種類或商業習慣所許者，不在此限。

第74條

載貨證券之發給人，對於依載貨證券所記載應為之行為，均應負責。

前項發給人，對於貨物之各連續運送人之行為，應負保證之責。但各連續運送人，僅對於自己航程中所生之毀損滅失及遲到負其責任。

第75條

連續運送同時涉及海上運送及其他方法之運送者，其海上運送部分適用本法

之規定。

貨物毀損滅失發生時間不明者,推定其發生於海上運送階段。

第76條

本節有關運送人因貨物滅失、毀損或遲到對託運人或其他第三人所得主張之抗辯及責任限制之規定,對運送人之代理人或受僱人亦得主張之。但經證明貨物之滅失、毀損或遲到,係因代理人或受僱人故意或重大過失所致者,不在此限。

前項之規定,對從事商港區域內之裝卸、搬運、保管、看守、儲存、理貨、穩固、墊艙者,亦適用之。

第77條

載貨證券所載之裝載港或卸貨港為中華民國港口者,其載貨證券所生之法律關係依涉外民事法律適用法所定應適用法律。但依本法中華民國受貨人或託運人保護較優者,應適用本法之規定。

第78條

裝貨港或卸貨港為中華民國港口者之載貨證券所生之爭議,得由我國裝貨港或卸貨港或其他依法有管轄權之法院管轄。

前項載貨證券訂有仲裁條款者,經契約當事人同意後,得於我國進行仲裁,不受載貨證券內仲裁地或仲裁規則記載之拘束。

前項規定視為當事人仲裁契約之一部。但當事人於爭議發生後另有書面合意者,不在此限。

第二節　旅客運送

第79條

旅客之運送,除本節規定外,準用本章第一節之規定。

第80條

對於旅客供膳者,其膳費應包括於票價之內。

第81條

旅客於實施意外保險之特定航線及地區,均應投保意外險,保險金額載入客票,視同契約,其保險費包括於票價內,並以保險金額為損害賠償之最高額。

前項特定航線地區及保險金額，由交通部定之。

第82條

旅客除前條保險外，自行另加保意外險者，其損害賠償依其約定。但應以書面為之。

第83條

運送人或船長應依船票所載，運送旅客至目的港。

運送人或船長違反前項規定時，旅客得解除契約，如有損害，並得請求賠償。

第84條

旅客於發航二十四小時前，得給付票價十分之二，解除契約；其於發航前因死亡、疾病或其他基於本身不得已之事由，不能或拒絕乘船者，運送人得請求票價十分之一。

第85條

旅客在船舶發航或航程中不依時登船，或船長依職權實行緊急處分迫令其離船者，仍應給付全部票價。

第86條

船舶不於預定之日發航者，旅客得解除契約。

第87條

旅客在航程中自願上陸時，仍負擔全部票價，其因疾病上陸或死亡時，僅按其已運送之航程負擔票價。

第88條

船舶因不可抗力不能繼續航行時，運送人或船長應設法將旅客運送至目的港。

第89條

旅客之目的港如發生天災、戰亂、瘟疫，或其他特殊事故致船舶不能進港卸客者，運送人或船長得依旅客之意願，將其送至最近之港口或送返乘船港。

第90條

運送人或船長在航行中為船舶修繕時，應以同等級船舶完成其航程，旅客在候船期間並應無償供給膳宿。

第91條

旅客於船舶抵達目的港後，應依船長之指示即行離船。

第三節　船舶拖帶

第92條

拖船與被拖船如不屬於同一所有人時，其損害賠償之責任，應由拖船所有人負擔。但契約另有訂定者，不在此限。

第93條

共同或連接之拖船，因航行所生之損害，對被害人負連帶責任。但他拖船對於加害之拖船有求償權。

第四章　船舶碰撞

第94條

船舶之碰撞，不論發生於何地，皆依本章之規定處理之。

第95條

碰撞係因不可抗力而發生者，被害人不得請求損害賠償。

第96條

碰撞係因於一船舶之過失所致者，由該船舶負損害賠償責任。

第97條

碰撞之各船舶有共同過失時，各依其過失程度之比例負其責任，不能判定其過失之輕重時，各方平均負其責任。

有過失之各船舶，對於因死亡或傷害所生之損害，應負連帶責任。

第98條

前二條責任，不因碰撞係由引水人之過失所致而免除。

第99條

因碰撞所生之請求權，自碰撞日起算，經過兩年不行使而消滅。

第100條

船舶在中華民國領海內水港口河道內碰撞者，法院對於加害之船舶，得扣押之。

碰撞不在中華民國領海內水港口河道內，而被害者為中華民國船舶或國民，法院於加害之船舶進入中華民國領海後，得扣押之。

前兩項被扣押船舶得提供擔保，請求放行。

前項擔保，得由適當之銀行或保險人出具書面保證代之。

第101條

關於碰撞之訴訟，得向下列法院起訴：

一、被告之住所或營業所所在地之法院。

二、碰撞發生地之法院。

三、被告船舶船籍港之法院。

四、船舶扣押地之法院。

五、當事人合意地之法院。

第五章　海難救助

第102條

船長於不甚危害其船舶、海員、旅客之範圍內，對於淹沒或其他危難之人應盡力救助。

第103條

對於船舶或船舶上財物施以救助而有效果者，得按其效果請求相當之報酬。

施救人所施救之船舶或船舶上貨物，有損害環境之虞者，施救人得向船舶所有人請求與實際支出費用同額之報酬；其救助行為對於船舶或船舶上貨物所造成環境之損害已有效防止或減輕者，得向船舶所有人請求與實際支出費用同額或不超過其費用一倍之報酬。

施救人同時有前二項報酬請求權者，前項報酬應自第一項可得請求之報酬中扣除之。

施救人之報酬請求權，自救助完成日起二年間不行使而消滅。

第104條

屬於同一所有人之船舶救助，仍得請求報酬。

拖船對於被拖船施以救助者，得請求報酬。但以非為履行該拖船契約者為限。

第105條

救助報酬由當事人協議定之，協議不成時，得提付仲裁或請求法院裁判之。

第106條

前條規定，於施救人與船舶間，及施救人間之分配報酬之比例，準用之。

第107條

於實行施救中救人者，對於船舶及財物之救助報酬金，有參加分配之權。

第108條

經以正當理由拒絕施救，而仍強為施救者，不得請求報酬。

第109條

船舶碰撞後，各碰撞船舶之船長於不甚危害其船舶、海員或旅客之範圍內，對於他船舶船長、海員及旅客，應盡力救助。

各該船長，除有不可抗力之情形外，在未確知繼續救助為無益前，應停留於發生災難之處所。

各該船長，應於可能範圍內，將其船舶名稱及船籍港並開來及開往之處所，通知於他船舶。

第六章　共同海損

第110條

稱共同海損者，謂在船舶航程期間，為求共同危險中全體財產之安全所為故意及合理處分，而直接造成之犧牲及發生之費用。

第111條

共同海損以各被保存財產價值與共同海損總額之比例，由各利害關係人分擔之。因共同海損行為所犧牲而獲共同海損補償之財產，亦應參與分擔。

第112條

前條各被保存財產之分擔價值，應以航程終止地或放棄共同航程時地財產之實際淨值為準，依下列規定計算之：

一、船舶以到達時地之價格為準。如船舶於航程中已修復者，應扣除在該航程中共同海損之犧牲額及其他非共同海損之損害額。但不得低於其實際所餘殘值。

二、貨物以送交最後受貨人之商業發票所載價格為準，如無商業發票者，以裝船時地之價值為準，並均包括應支付之運費及保險費在內。

三、運費以到付運費之應收額，扣除非共同海損費用為準。

前項各類之實際淨值，均應另加計共同海損之補償額。

第113條

共同海損犧牲之補償額，應以各財產於航程終止時地或放棄共同航程時地之實際淨值爲準，依下列規定計算之：

一、船舶以實際必要之合理修繕或設備材料之更換費用爲準。未經修繕或更換者，以該損失所造成之合理貶值。但不能超過估計之修繕或更換費用。

二、貨物以送交最後受貨人商業發票價格計算所受之損害爲準，如無商業發票者，以裝船時地之價值爲準，並均包括應支付之運費及保險費在內。受損貨物如被出售者，以出售淨值與前述所訂商業發票或裝船時地貨物淨值之差額爲準。

三、運費以貨載之毀損或滅失致減少或全無者爲準。但運送人因此減省之費用，應扣除之。

第114條

下列費用爲共同海損費用：

一、爲保存共同危險中全體財產所生之港埠、貨物處理、船員工資及船舶維護所必需之燃、物料費用。

二、船舶發生共同海損後，爲繼續共同航程所需之額外費用。

三、爲共同海損所墊付現金百分之二之報酬。

四、自共同海損發生之日起至共同海損實際收付日止，應行收付金額所生之利息。

爲替代前項第一款、第二款共同海損費用所生之其他費用，視爲共同海損之費用。但替代費用不得超過原共同海損費用。

第115條

共同海損因利害關係人之過失所致者，各關係人仍應分擔之。但不影響其他關係人對過失之負責人之賠償請求權。

第116條

未依航運習慣裝載之貨物經投棄者，不認爲共同海損犧牲。但經撈救者，仍應分擔共同海損。

第117條

無載貨證券亦無船長收據之貨物，或未記載於目錄之設備屬具，經犧牲者，不認為共同海損。但經撈救者，仍應分擔共同海損。

第118條

貨幣、有價證券或其他貴重物品，經犧牲者，除已報明船長者外，不認為共同海損犧牲。但經撈救者，仍應分擔共同海損。

第119條

貨物之性質，於託運時故意為不實之聲明，經犧牲者，不認為共同海損。但經保存者，應按其實在價值分擔之。

貨物之價值，於託運時為不實之聲明，使聲明價值與實在價值不同者，其共同海損犧牲之補償額以金額低者為準，分擔價值以金額高者為準。

第120條

船上所備糧食、武器、船員之衣物、薪津、郵件及無載貨證券之旅客行李、私人物品皆不分擔共同海損。

前項物品如被犧牲，其損失應由各關係人分擔之。

第121條

共同海損之計算，由全體關係人協議定之。協議不成時，得提付仲裁或請求法院裁判之。

第122條

運送人或船長對於未清償分擔額之貨物所有人，得留置其貨物。但提供擔保者，不在此限。

第123條

利害關係人於受分擔額後，復得其船舶或貨物之全部或一部者，應將其所受之分擔額返還於關係人。但得將其所受損害及復得之費用扣除之。

第124條

應負分擔義務之人，得委棄其存留物而免分擔海損之責。

第125條

因共同海損所生之債權，自計算確定之日起，經過一年不行使而消滅。

第七章　海上保險

第126條

關於海上保險，本章無規定者，適用保險法之規定。

第127條

凡與海上航行有關而可能發生危險之財產權益，皆得為海上保險之標的。

海上保險契約，得約定延展加保至陸上、內河、湖泊或內陸水道之危險。

第128條

保險期間除契約另有訂定外，關於船舶及其設備屬具，自船舶起錨或解纜之時，以迄目的港投錨或繫纜之時，為其期間；關於貨物，自貨物離岸之時，以迄目的港起岸之時，為其期間。

第129條

保險人對於保險標的物，除契約另有規定外，因海上一切事變及災害所生之毀損滅失及費用，負賠償責任。

第130條

保險事故發生時，要保人或被保險人應採取必要行為，以避免或減輕保險標的之損失，保險人對於要保人或被保險人未履行此項義務而擴大之損失，不負賠償責任。

保險人對於要保人或被保險人，為履行前項義務所生之費用，負償還之責，其償還數額與賠償金額合計雖超過保險標的價值，仍應償還之。

保險人對於前項費用之償還，以保險金額為限。但保險金額不及保險標的物之價值時，則以保險金額對於保險標的之價值比例定之。

第131條

因要保人或被保險人或其代理人之故意或重大過失所致之損失，保險人不負賠償責任。

第132條

未確定裝運船舶之貨物保險，要保人或被保險人於知其已裝載於船舶時，應將該船舶之名稱、裝船日期、所裝貨物及其價值，立即通知於保險人。不為通知者，保險人對未為通知所生之損害，不負賠償責任。

第133條

要保人或被保險人於保險人破產時,得終止契約。

第134條

船舶之保險以保險人責任開始時之船舶價格及保險費,為保險價額。

第135條

貨物之保險以裝載時、地之貨物價格、裝載費、稅捐、應付之運費及保險費,為保險價額。

第136條

貨物到達時應有之佣金、費用或其他利得之保險以保險時之實際金額,為保險價額。

第137條

運費之保險,僅得以運送人如未經交付貨物即不得收取之運費為之,並以被保險人應收取之運費及保險費為保險價額。

前項保險,得包括船舶之租金及依運送契約可得之收益。

第138條

貨物損害之計算,依其在到達港於完好狀態下所應有之價值,與其受損狀態之價值比較定之。

第139條

船舶部分損害之計算,以其合理修復費用為準。但每次事故應以保險金額為限。

部分損害未修復之補償額,以船舶因受損所減少之市價為限。但不得超過所估計之合理修復費用。

保險期間內,船舶部分損害未修復前,即遭遇全損者,不得再行請求前項部分損害未修復之補償額。

第140條

運費部分損害之計算,以所損運費與總運費之比例就保險金額定之。

第141條

受損害貨物之變賣,除由於不可抗力或船長依法處理者外,應得保險人之同意。並以變賣淨額與保險價額之差額為損害額。但因變賣後所減少之一切費用,應扣除之。

第142條

海上保險之委付，指被保險人於發生第一百四十三條至第一百四十五條委付原因後，移轉保險標的物之一切權利於保險人，而請求支付該保險標的物全部保險金額之行為。

第143條

被保險船舶有下列各款情形之一時，得委付之：

一、船舶被捕獲時。

二、船舶不能為修繕或修繕費用超過保險價額時。

三、船舶行蹤不明已逾二個月時。

四、船舶被扣押已逾二個月仍未放行時。

前項第四款所稱扣押，不包含債權人聲請法院所為之查封、假扣押及假處分。

第144條

被保險貨物有下列各款情形之一時，得委付之：

一、船舶因遭難，或其他事變不能航行已逾二個月而貨物尚未交付於受貨人、要保人或被保險人時。

二、裝運貨物之船舶，行蹤不明，已逾二個月時。

三、貨物因應由保險人負保險責任之損害，其回復原狀及繼續或轉運至目的地費用總額合併超過到達目的地價值時。

第145條

運費之委付，得於船舶或貨物之委付時為之。

第146條

委付應就保險標的物之全部為之。但保險單上僅有其中一種標的物發生委付原因時，得就該一種標的物為委付請求其保險金額。

委付不得附有條件。

第147條

委付經承諾或經判決為有效後，自發生委付原因之日起，保險標的物即視為保險人所有。

委付未經承諾前，被保險人對於保險標的物之一切權利不受影響。保險人或被保險人對於保險標的物採取救助、保護或回復之各項措施，不視為已承諾

或拋棄委付。

第148條

委付之通知一經保險人明示承諾，當事人均不得撤銷。

第149條

要保人或被保險人，於知悉保險之危險發生後，應即通知保險人。

第150條

保險人應於收到要保人或被保險人證明文件後三十日內給付保險金額。

保險人對於前項證明文件如有疑義，而要保人或被保險人提供擔保時，仍應將保險金額全部給付。

前項情形，保險人之金額返還請求權，自給付後經過一年不行使而消滅。

第151條

要保人或被保險人，自接到貨物之日起，一個月內不將貨物所受損害通知保險人或其代理人時，視為無損害。

第152條

委付之權利，於知悉委付原因發生後，自得為委付之日起，經過二個月不行使而消滅。

第八章　附　則

第153條

本法自公布日施行。

本法中華民國九十八年六月十二日修正之條文，自九十八年十一月二十三日施行。

附錄二　船舶法

民國107年11月28日總統令修正公布。

第一章　通　則

第1條

　　為確保船舶航行及人命安全，落實船舶國籍證書、檢查、丈量、載重線及設備之管理，特制定本法。

第2條

　　本法之主管機關為交通部，其業務由航政機關辦理。

第3條

　　本法用詞，定義如下：

一、船舶：指裝載人員或貨物在水面或水中且可移動之水上載具，包含客船、貨船、漁船、特種用途船、遊艇及小船。

二、客船：指非小船且乘客定額超過十二人，主要以運送乘客為目的之船舶。

三、貨船：指非客船或小船，以載運貨物為目的之船舶。

四、特種用途船：指從事特定任務之船舶。

五、遊艇：指專供娛樂，不以從事客、貨運送或漁業為目的，以機械為主動力或輔助動力之船舶。

六、自用遊艇：指專供船舶所有人自用或無償借予他人從事娛樂活動之遊艇。

七、非自用遊艇：指整船出租或以其他有償方式提供可得特定之人，從事娛樂活動之遊艇。

八、小船：指總噸位未滿五十之非動力船舶，或總噸位未滿二十之動力船舶。

九、載客小船：指主要以運送乘客為目的之小船。

十、乘員：指船上全部搭載之人員。

十一、乘客：指下列以外在船上之人員：

 (一) 船長、駕駛、引水人及其他受僱用由船長或駕駛指揮服務於船上之人員。

 (二) 船長或駕駛有義務救助之遇難人員。

 (三) 非法上船之人員。

 (四) 在船上執行公權力或公務之人員。

 (五) 非以載客營利為目的，經航政機關核准上船之船東代表、船舶維修、檢驗、押貨等人員或離島地區非提供載客用途船舶之附搭人員。

 (六) 特種人員。

十二、特種人員：指在特種用途船上執行與該船舶有關之特種人員，不包括乘客、船員及執行公權力之海岸巡防機關人員。

十三、豁免：指船舶因特殊情況，主管機關或航政機關於符合安全條件或措施下，得免除適用本法之規定。

十四、等效：指主管機關或航政機關得准許船舶採用經試驗或其他方法確定性能之材料、裝具、設備或零組件等，其功效應與相關規定要求程度同等有效。

第4條

下列船舶，不適用本法規定：

一、軍事建制之艦艇。

二、龍舟、獨木舟及非動力帆船。

三、消防及救災機構岸置之公務小船。

四、推進動力未滿十二瓩之非漁業用小船。

五、原住民族基於傳統文化、祭儀或非營利自用，出海所使用經原住民族主管機關認定之小船或浮具。

第5條

本法所稱中華民國船舶，指依中華民國法律，經航政機關核准註冊登記之船舶。

船舶合於下列規定之一者，得申請登記為中華民國船舶：

一、中華民國政府所有。

二、中華民國國民所有。

三、依中華民國法律設立，在中華民國有本公司之下列公司所有：

　　(一) 無限公司，其股東全體爲中華民國國民。

　　(二) 有限公司，資本二分之一以上爲中華民國國民所有，其代表公司之董事爲中華民國國民。

　　(三) 兩合公司，其無限責任股東全體爲中華民國國民。

　　(四) 股份有限公司，其董事長及董事二分之一以上爲中華民國國民，且其資本二分之一以上爲中華民國國民所有。

四、依中華民國法律設立，在中華民國有主事務所之法人團體所有，其社員三分之二以上及負責人爲中華民國國民。

第6條

非中華民國船舶，不得懸掛中華民國國旗。但法令另有規定或有下列各款情形之一者，得懸掛中華民國國旗：

一、中華民國國慶日或紀念日。

二、其他應表示慶祝或敬意時。

第7條

中華民國船舶，不得懸掛非中華民國國旗。但法令另有規定或有下列各款情形之一者，得增懸非中華民國國旗：

一、停泊外國港口遇該國國慶或紀念日。

二、其他應表示慶祝或敬意時。

第8條

非中華民國船舶，除經中華民國政府特許或爲避難者外，不得在中華民國政府公告爲國際商港以外之其他港灣口岸停泊。

第9條

中華民國船舶非領有中華民國船舶國籍證書、中華民國臨時船舶國籍證書、遊艇證書或小船執照，不得航行。但有下列各款情形之一者，不在此限：

一、下水或試航。

二、經航政機關許可或指定移動。

三、因緊急事件而作必要之措置。

第10條

船舶應具備下列各款標誌：

一、船名。

二、船籍港名或小船註冊地名。

三、船舶號數。

四、載重線標誌及吃水尺度。但依第五十一條所定規則及第八十條第一項但書規定，免勘劃載重線或吃水尺度者，不在此限。

五、法令所規定之其他標誌。

前項標誌不得毀壞或塗抹。但為戰時避免捕獲者，不在此限。

船舶標誌事項變更時，應依下列時限辦理變更：

一、第一項第一款至第三款標誌事項變更時，於辦理登記或註冊之同時辦理。

二、第一項第四款、第五款標誌事項變更時，自事實發生之日起三個月內變更。

船舶船名、船籍港名、註冊地名、船舶號數、吃水尺度、載重線標誌、其他標誌設置及其他應遵行事項之規則，由主管機關定之。

第11條

遊艇應具備遊艇證書；小船應具備小船執照。

前項以外之船舶，應具備下列各款文書：

一、船舶國籍證書或臨時船舶國籍證書。

二、船舶檢查證書或依有關國際公約應備之證書。載運大量散裝固體、液體、氣體貨物、散裝貨油或危險品者，並應具備第三十三條第一項或第三十四條第一項規定之文書。

三、船舶噸位證書。

四、船員最低安全配額證書。

五、船員名冊。

六、船舶載重線證書。但依第五十一條所定規則規定，在技術上無勘劃載重線必要者，不在此限。

七、載有乘客者，其客船安全證書或貨船搭客證書；客船應備乘客名冊。但客船航行於本國江河湖泊、內陸水道、港區內及其他主管機關公告指定

之水域，不在此限。

八、總噸位一百以上或乘客定額超過一百五十人之客船，於中華民國九十九年十二月十日以後建造或自國外輸入者，應具備主管機關委託之驗船機構核發之船級證書。

九、前款客船於中華民國九十九年十二月十日前建造或自國外輸入，且船齡超過二十年以上航行外海及沿海者，自本法一百零七年十一月六日修正之條文施行日起一年後之第一次特別檢查起，應具備主管機關委託之驗船機構核發之船級證書；未經主管機關委託之驗船機構建造中檢驗者，申請入級前另應先取得造船技師簽證之圖說及計算書。

十、前二款以外之客船，其船齡超過二十年者，自本法中華民國一百零七年十一月六日修正之條文施行日起一年後之第一次特別檢查起，應具備造船技師簽證有效期限不超過二年之有效船況評估報告。

十一、航海、輪機日誌。

十二、其他經主管機關公告之文書。

船舶所在地航政機關得隨時查驗前二項船舶文書，經核對不符時，應命船舶所有人於一個月內申請變更登記或註冊，或換發船舶相關證書。

前項查驗人員依法執行公務時，應出示有關執行職務之證明文件；其未出示者，受查驗者得拒絕之。

第一項及第二項各款文書有效期間在航程中屆滿時，於到達目的港前仍屬有效。

第12條

船名，由船舶所有人自定，不得與他船船名相同。但小船船名在本法中華民國九十九年十一月十二日修正之條文施行前經核准者，不在此限。

第13條

船舶所有人應自行認定船籍港或註冊地。

第14條

本法所定之各項證照有遺失、破損，或證照登載事項變更者，船舶所有人應自發覺或事實發生之日起三個月內，申請補發、換發或變更登記、註冊。

第二章　船舶國籍證書

第15條

船舶所有人於領得船舶檢查證書及船舶噸位證書後，應於三個月內依船舶登記法規定，向船籍港航政機關爲所有權之登記。

前項船舶檢查證書，得依第三十一條規定，以有效之國際公約證書，及經主管機關委託之驗船機構所發船級證書代之。

第15條之1

自國外輸入現成船，除法規另有規定者外，應於輸入前檢附買賣意向書或契約書、船舶規範、船舶證明及權責機關同意等相關文件，向航政機關申請核定。

自國外輸入之現成船或使用目的變更者，其船齡不得超過允許輸入之年限。輸入現成船年限表，由主管機關公告之。

第一項之船舶證明指船舶國籍證書。但船舶不適用該國船舶法規，致無船舶國籍證書者，得以造船廠之建造證明文件替代。

第16條

船舶依第十五條規定登記後，航政機關除依船舶登記法之規定核發登記證書外，並核發船舶國籍證書；必要時，得先行核發臨時船舶國籍證書。

第17條

船舶所有人在所認定之船籍港以外港口取得船舶者，得檢附取得船舶或原船籍國之相關證明文件，向船舶所在地或船籍港航政機關申請核發臨時船舶國籍證書，並應自領得該證書之日起三個月內，依第十五條規定申請登記。

第18條

在船籍港以外港口停泊之船舶，遇船舶國籍證書遺失、破損，或證書上登載事項變更者，該船舶之船長或船舶所有人得自發覺或事實發生之日起三個月內，向船舶所在地或船籍港航政機關，申請核發臨時船舶國籍證書。

船舶在航行中發生前項情形時，該船舶之船長或船舶所有人應向到達港或船籍港航政機關爲前項申請。

依前二項規定申請臨時船舶國籍證書者，船舶所有人應自領得該證書之日起三個月內，向船籍港航政機關申請換發或補發船舶國籍證書。

第19條

臨時船舶國籍證書之有效期間，在國外航行之船舶不得超過六個月；在國內航行之船舶不得超過三個月。但有正當理由者，得敘明理由，於證書有效期間屆滿前，向船舶所在地或船籍港航政機關重行申請換發；重行換發證書之有效期間，不得超過一個月，並以一次為限。

第20條

經登記之船舶，遇滅失、報廢、喪失中華民國國籍、失蹤滿六個月或沉沒不能打撈修復者，船舶所有人應自發覺或事實發生之日起四個月內，依船舶登記法規定，向船籍港航政機關辦理船舶所有權註銷登記；其原領證書，除已遺失者外，並應繳銷。

船舶改裝為遊艇或小船者，船舶所有人應自改裝完成之日起三個月內，依規定辦理登記或註冊，其原領證書除已遺失者外，應予繳銷。

第21條

船舶所有人未依前條第一項規定申請註銷登記及繳銷證書，經船籍港航政機關命其於一個月內辦理，屆期仍不辦理，而無正當理由者，得由航政機關逕行註銷其登記及原領證書。

第22條

船舶國籍證書與臨時船舶國籍證書之核發、換（補）發、廢止、撤銷或繳銷、證書費收取、證書有效期間、管理及其他應遵行事項之規則，由主管機關定之。

第三章　船舶檢查

第23條

船舶檢查分特別檢查、定期檢查及臨時檢查。

船舶檢查之範圍，包括下列各項：

一、船舶各部結構強度。

二、船舶推進所需之主輔機或工具。

三、船舶穩度。

四、船舶載重線。但依第五十一條所定規則規定，在技術上無勘劃載重線必要者，不在此限。

五、船舶艙區劃分。但依第三十六條所定規則規定，免艙區劃分者，不在此
　　限。

六、船舶防火構造。但依第三十五條所定規則規定，免防火構造者，不在此
　　限。

七、船舶標誌。

八、船舶設備。

船舶應依規定檢查合格，並將設備整理完妥，始得航行。

船舶因分類、噸位、載運貨物型態、適航水域不同，其檢查之項目、內容、
豁免及等效、檢查機關、有效期間、申請程序與文件、檢查證書之核發、換
（補）發、註銷、撤銷或繳銷、檢查費、證書費之收取及其他應遵行事項之
規則，由主管機關定之。

第24條

船舶因分類、噸位、載運貨物型態、適航水域不同，其船舶設備之項目、規
範、豁免及等效、證書及其他應遵行事項之規則，由主管機關定之。

第25條

船舶有下列情形之一者，其所有人應向船舶所在地航政機關申請施行特別檢
查：

一、新船建造。

二、自國外輸入。

三、船身經修改或換裝推進機器。

四、變更使用目的或型式。

五、特別檢查有效期間屆滿。

船舶經特別檢查合格後，航政機關應核發或換發船舶檢查證書，其有效期間
以五年為限。但客船、貨船船齡超過二十年者，核發、換發船舶檢查證書之
有效期間不得超過二年。

第26條

船舶經特別檢查後，於每屆滿一年之前後三個月內，其所有人應向船舶所在
地航政機關申請施行定期檢查。

船舶經定期檢查合格後，航政機關應於船舶檢查證書上簽署。

第27條

船舶有下列情形之一者，其所有人應向所在地航政機關申請施行船舶臨時檢查：

一、遭遇海難。

二、船身、機器或設備有影響船舶航行、人命安全或環境污染之虞。

三、適航性發生疑義。

船舶經臨時檢查合格後，航政機關應於船舶檢查證書上註明。

第28條

船舶申請定期檢查或特別檢查後，應於三個月內整修完善並完成檢查。未於期限內完成檢查之船舶視為檢查不合格，航政機關得命其停航。

前項特別檢查不包括新船建造、自國外輸入、船身修改或換裝推進機器之特別檢查。

第28條之1

船舶所有人未依規定申請施行定期檢查、特別檢查且逾期滿五年時，由航政機關通知船舶所有人於三個月內辦理；屆期仍未辦理，而無正當理由者，由航政機關公告三個月；公告期滿未提出異議者，得逕行註銷第十一條之船舶文書，並註銷登記或註冊。

全長未滿二十四公尺，且乘員人數十二人以下自用遊艇之所有人未依規定提送自主檢查表逾期滿五年時，航政機關依前項程序辦理；公告期滿未提出異議者，得逕行註銷遊艇證書，並註銷登記或註冊。

經航政機關逕行註銷登記或註冊之船舶，如事後發現有存在事實，船舶所有人得檢具相關文件，向航政機關重行申請施行特別檢查及核發相關文書，並回復登記或註冊。

第28條之2

船舶除責令停航外，停航時，船舶所有人應申請航政機關許可；復航前船舶所有人應申請航政機關施行檢查合格後，始得航行。

船舶停航期間不適用船舶檢查規定，船舶所有人應於申請停航時，將船舶檢查證書繳回航政機關。

第28條之3

航政機關對中華民國船舶及非中華民國船舶經特許於中華民國各港口間運送

客貨或從事非自用遊艇業務之航行安全事項得施行抽查。

船舶除緊急救難外，不得載運超過航政機關核定之乘員人數。

第29條

第二十五條至第二十七條所定應施行特別檢查、定期檢查或臨時檢查之情形發生於國外時，船舶所有人或船長應向經主管機關委託之船舶所在地本國驗船機構申請施行檢查。

依前項規定特別檢查合格後，船舶所有人應檢附檢查報告，申請船籍港航政機關核發或換發船舶檢查證書。

依第一項規定定期檢查或臨時檢查合格後，由該驗船機構於船舶檢查證書上簽署或註明之。

第30條

適用國際公約之船舶，應依各項國際公約之規定施行檢查，並具備公約規定之證書。

客、貨船船齡超過二十年者，應於相關國際公約證書有效期間內執行第二或第三週年相當期日，施行等同於換發證書之檢查。

第30條之1

下列船舶之所有人或承擔其安全營運與防止污染管理責任之機構，應於生效日起建立安全營運與防止污染管理制度，並取得航政機關核發之評鑑合格證書：

一、總噸位一百以上或乘客定額超過一百五十人以上之客船。

二、總噸位五百以上之貨船。

三、其他經主管機關公告適用之船舶。

前項規定所稱生效日，於第一款及第二款規定之船舶，為本法中華民國一百零七年十一月六日修正之條文施行日起一年；第三款規定之船舶，為主管機關公告後一年。

安全營運與防止污染管理制度之內容、評鑑、豁免及等效、證書之申請、核發、補發、換發、註銷、撤銷或繳銷、評鑑費、證書費之收取、證書有效期間及其他應遵行事項之規則，由主管機關定之。

船舶具備主管機關委託之驗船機構核發國際船舶安全管理章程評鑑合格證明文件者，視為已依前項所定規則之評鑑合格，免再發相關證書。

第31條

船舶具備國際公約證書，並經主管機關委託之驗船機構檢驗入級者，視爲已依本章之規定檢查合格，免發船舶檢查證書。

第32條

非中華民國船舶自中華民國國際港口發航者，應由船長向該港之航政機關送驗船舶檢查或檢驗合格證明文件。

未依前項規定送驗船舶檢查、檢驗合格之證明文件或證明文件有效期間屆滿之非中華民國船舶，該港航政機關得命其限期改善，未改善完成前，不得離港。

船長不服前項命其限期改善或不得離港之處分者，得於五日內向該港航政機關提出申復。

第33條

裝載大量散裝固體、液體、氣體貨物或散裝貨油之船舶，應符合下列條件：

一、本法中華民國一百零七年十一月六日修正之條文施行前建造或自國外輸入者，自修正施行日起一年後之第一次特別檢查起，應具備主管機關委託之驗船機構核發之適載文件，經航政機關特別檢查合格，並核發或換發證書。

二、本法中華民國一百零七年十一月六日修正之條文施行後建造或自國外輸入者，自修正施行日起一年後之第一次特別檢查起，應具備國際公約證書，且經主管機關委託之驗船機構檢驗入級。

三、總噸位未滿一百五十者裝載散裝液體、氣體貨物或散裝貨油，或總噸位未滿五百者裝載散裝固體貨物，自本法中華民國一百零七年十一月六日修正之條文施行日起一年後之第一次特別檢查起，應具備造船技師核發之適載文件，經航政機關特別檢查合格並核發或換發證書者，免依前二款規定辦理。

前項第一款及第三款船舶如非屬載運散裝危險有毒化學液體或液化氣體之化學液體船或液化氣體船，經航政機關特別檢查合格後，免核發或換發證書，但應於船舶檢查證書註記。

第一項船舶之裝載條件、申請許可、構造與穩度、安全設備、豁免及等效、適載文件、文件費與證書費之收取及其他應遵行事項之規則，由主管機關定

之。

第34條

載運危險品之船舶，應符合下列條件：

一、本法中華民國一百零七年十一月六日修正之條文施行前建造或自國外輸
　　入者，自修正施行日起一年後之第一次特別檢查起，應具備主管機構委
　　託之驗船機構核發之適載文件，經航政機關檢查合格並於船舶檢查證書
　　註記。

二、本法中華民國一百零七年十一月六日修正之條文施行後建造或自國外輸
　　入者，自修正施行日起一年後之第一次特別檢查起，應具備國際公約證
　　書，且經主管機關委託之驗船機構檢驗入級。

三、總噸位未滿五百者，自本法中華民國一百零七年十一月六日修正之條文
　　施行日起一年後之第一次特別檢查起，應具備造船技師核發之適載文
　　件，經航政機關檢查合格並於船舶檢查證書註記者，免依前二款規定辦
　　理。

船舶載運危險品之分類、識別、包裝、標記與標示、運輸文件、裝卸作業、
豁免及等效、適載文件、文件費之收取及其他應遵行事項之規則，由主管機
關定之。

第34條之1

除依前條或第五十六條所定規定外，危險品不得攜帶或託運進入有載運乘客
之客船。

危險品名稱，由航政機關公告之。

第35條

船舶之防火構造，應由船舶所有人或船長向船舶所在地航政機關申請檢查合
格後，始得航行；其船舶防火構造之分級、各等級之防火構造及其他應遵行
事項之規則，由主管機關定之。

第36條

為確保船舶航行安全所需之穩度，船舶應經艙區劃分，並由船舶所有人或船
長向船舶所在地航政機關申請檢查合格後，始得航行；其艙區劃分許可長度
與特別條件、船舶於受損狀態下之穩度、艙區劃分之水密裝置及其他應遵行
事項之規則，由主管機關定之。

第37條

水翼船、氣墊船、高速船及其他經主管機關認可及公告採用國際章程之船舶，應由船舶所有人或船長向船舶所在地航政機關申請檢查合格，取得證書後，始得航行；其檢查、構造、裝置、設備、乘客艙室、乘客定額、證書之核發、換（補）發、註銷、撤銷或繳銷、檢查費、證書費之收取及其他應遵行事項之規則，由主管機關定之。

第38條（刪除）

第四章　船舶丈量

第39條

船舶所有人應於請領船舶國籍證書前，向船舶所在地航政機關申請船舶丈量及核發船舶噸位證書。

第40條

船舶在國外建造或取得者，船舶所有人應請經主管機關委託之船舶所在地驗船機構丈量。

依前項規定丈量後之船舶，應由所有人向航政機關申請核發船舶噸位證書。

第41條

自國外輸入之船舶，其原丈量程式與中華民國丈量程式相同者，免予重行丈量。

自國外輸入之船舶，其原丈量程式與中華民國丈量程式不同者，仍應依規定申請丈量；船舶所有人於申請丈量、領有噸位證書前，得憑原船籍國之噸位證明文件，先行申請核發臨時船舶國籍證書。

第42條

船舶所有人於船舶登記後，遇有船身型式、佈置或容量變更，或察覺丈量及噸位計算有錯誤時，應申請重行丈量並換發船舶噸位證書；其由航政機關發覺者，應由該機關重行丈量並換發船舶噸位證書。

第43條

非中華民國船舶自中華民國港口發航者，應由船長向該港之航政機關，送驗該船舶之噸位證書。

未依前項規定送驗船舶噸位證書之非中華民國船舶，該港航政機關得命其限

期改善,未改善完成前,不得離港。

船長不服前項命其限期改善或不得離港之處分者,得於五日內向該港航政機關提出申復。

第44條

船舶丈量之申請、丈量、總噸位與淨噸位之計算、船舶噸位證書之核發、換（補）發、廢止、撤銷或繳銷、丈量費與證書費之收取及其他應遵行事項之規則,由主管機關定之。

第五章　船舶載重線

第45條

船舶載重線為最高吃水線,船舶航行時,其載重不得超過該線。

第46條

船舶應具備載重線證書。但依第五十一條所定規則規定,在技術上無勘劃載重線必要者,不在此限。

第47條

船舶所有人應向船舶所在地航政機關申請勘劃載重線後,由該機關核發船舶載重線證書。

船舶載重線證書有效期間,以五年為限;船舶所有人應於期滿前重行申請特別檢查,並換領證書。

第48條

船舶載重線經勘劃或特別檢查後,船舶所有人應於每屆滿一年之前後三個月內申請施行定期檢查;船舶所在地航政機關應於定期檢查合格後,在船舶載重線證書上簽署。

第49條

船舶有下列各款情形之一者,不得航行:

一、應勘劃載重線之船舶而未勘劃。

二、船舶載重線證書有效期間屆滿。

三、應重行勘劃載重線而未勘劃。

四、船舶載重超過船舶載重線證書所規定之最高吃水線。

第50條

依國際載重線公約或船籍國法律之規定應勘劃載重線之非中華民國船舶，自中華民國港口發航，該船船長應向該港航政機關，送驗該船舶之載重線證書或豁免證書。有下列各款情形之一者，該港航政機關得命其限期改善，未改善完成前，不得離港：

一、未能送驗船舶載重線證書或載重線豁免證書，或證書失效。

二、船舶載重超過船舶載重線證書所規定之最高吃水線。

三、載重線之位置與船舶載重線證書所載不符。

四、應重行勘劃載重線而未勘劃。

船長不服前項命其限期改善或不得離港之處分者，得於五日內向該港航政機關提出申復。

第51條

船舶載重線之檢查、勘劃、船舶載重線證書之核發、換（補）發、廢止、撤銷或繳銷、航行國際間船舶勘劃載重線之條件、航行國際間船舶之乾舷、航行國際間裝載木材甲板貨物船舶之載重線、客船艙區劃分載重線、航行國內航線船舶載重線、地帶、區域與季節期間、勘劃費、證書費之收取及其他應遵行事項之規則，由主管機關定之。

第六章　客　船

第52條

客船所有人應向船舶所在地航政機關，申請核發客船安全證書。非領有客船安全證書，不得搭載乘客。

航政機關依船舶設備、水密艙區及防火構造，核定乘客定額及適航水域，並載明於客船安全證書。

客船搭載乘客不得超過依前項核定之乘客定額，並不得在依前項核定適航水域以外之水域搭載乘客。

第53條

客船安全證書之有效期間以一年為限，由航政機關視其適航性核定。

客船安全證書記載事項變更或證書之有效期間屆滿前一個月內，客船所有人應申請換發。

客船安全證書有效期間屆滿，於換發證書前，不得搭載乘客。

第54條（刪除）

第55條

非中華民國船舶在中華民國港口搭載乘客時，該船船長應向船舶所在地航政機關送驗客船安全證書，非經查明適航性，不得搭載乘客。

未依前項規定送驗客船安全證書之非中華民國船舶，該港航政機關得命其限期改善，未改善完成前，不得離港。

船長不服前項命其限期改善或不得離港之處分者，得於五日內向該港航政機關提出申復。

第56條

客船之檢查與航前查驗、穩度、乘客艙室、乘客定額、淡水與膳宿、衛生設施、兼載貨物、應急準備、客船安全證書核發、換（補）發、廢止、撤銷或繳銷、檢查費與證書費之收取及其他應遵行事項之規則，由主管機關定之。

第57條

貨船應由船舶所有人或船長向航政機關申請檢查合格，取得貨船搭客證書後，始得兼搭載乘客；其乘客定額、乘客房艙、貨船搭客證書核發、換（補）發、註銷、撤銷或繳銷、檢查、收費與管理及其他應遵行事項之規則，由主管機關定之。

第七章　遊　艇

第58條

遊艇之檢查、丈量經主管機關認可之國內外機構驗證後，由遊艇所在地之航政機關辦理；其登記或註冊、發證，由遊艇船籍港或註冊地航政機關辦理。

第59條

遊艇檢查分特別檢查、定期檢查、臨時檢查及自主檢查。

遊艇符合下列規定者，始得航行：

一、檢查合格。

二、全船乘員人數未逾航政機關核定之定額。

三、依規定將設備整理完妥。

第60條

船長二十四公尺以上之非自用遊艇,應依第五章規定勘劃載重線;自用遊艇,免勘劃載重線。

第61條

遊艇有下列情形之一者,其所有人應申請施行特別檢查:

一、新船建造完成後。

二、自國外輸入。

三、船身經修改或換裝推進機器。

四、變更使用目的或型式。

五、特別檢查有效期間屆滿。

遊艇經特別檢查合格後,航政機關應核發或換發遊艇證書,其有效期間,以五年為限。但全長未滿二十四公尺之自用遊艇,其遊艇證書無期間限制。

於本法中華民國一百零七年十一月六日修正之條文施行後建造或自國外輸入全長二十四公尺以上之非自用遊艇,應施行建造中特別檢查並經主管機關委託之驗船機構檢驗入級,或應具備建造中檢驗文件與輸入前之船級證書。

未施行建造中檢查之遊艇,不得變更為其他船舶種類。

第62條

遊艇所有人依前條第一項第一款至第三款規定,申請施行特別檢查時,應依規定同時申請丈量船舶之容積。

第63條

遊艇所有人申請前條特別檢查及丈量,應檢送製造商之出廠證明或來源證明。

前項證明包括船體結構相關圖說及主機來源證明。

量產製造之遊艇經主管機關認可之驗證機構或造船技師簽證,遊艇所在地航政機關無須特別檢查,逕發遊艇證書。

第64條

遊艇之特別檢查,應包括對船身、穩度、推進機器與軸系及安全設備之檢查。但新建遊艇之特別檢查,應依據遊艇製造廠商之設計圖及安全設備檢查。

第65條

下列遊艇之所有人，應自特別檢查合格之日起，每屆滿二年六個月之前後三個月內，向遊艇所在地航政機關申請施行定期檢查：

一、非自用遊艇。

二、全長二十四公尺以上之自用遊艇。

三、全長未滿二十四公尺，且乘員人數超過十二人之自用遊艇。

遊艇船齡在十二年以上者，應於船齡每屆滿一年前後三個月內，申請實施定期檢查。

遊艇經定期檢查合格後，航政機關應於遊艇證書上簽署。

第66條

遊艇船齡未滿十二年，全長未滿二十四公尺，且乘員人數十二人以下自用遊艇之所有人，應自遊艇特別檢查合格之日起每屆滿一年之前後三個月內，自主檢查並填報自主檢查表，併遊艇證書送船籍港或註冊地航政機關備查。

推進動力未滿十二瓩之自用遊艇，其所有人應自第一次特別檢查合格之日起，每屆滿一年之前後三個月內，施行自主檢查並填報自主檢查表送航政機關備查，且不適用特別檢查及定期檢查施行期限規定。

自用遊艇未依前二項規定辦理者，不得航行。

遊艇經依第二十七條第一項規定臨時檢查合格後，航政機關應於遊艇證書註明。

第67條

遊艇於檢查合格及丈量後，所有人應於三個月內依下列規定，向航政機關申請登記或註冊：

一、總噸位二十以上之遊艇，依船舶登記法規定辦理登記。

二、總噸位未滿二十之遊艇，依第七十一條所定規則辦理註冊。

前項第一款遊艇登記後，航政機關應核發船舶登記證書。

第68條

經登記或註冊之遊艇，遇滅失、報廢、喪失中華民國國籍、失蹤滿六個月或沉沒不能打撈修復者，遊艇所有人應自發覺或事實發生之日起四個月內，向船籍港或註冊地航政機關辦理遊艇註銷登記或註冊；其遊艇證書及船舶登記證書，除已遺失者外，並應繳銷。

第69條

遊艇所有人未依前條規定申請註銷登記或註冊及繳銷證書，經船籍港或註冊地航政機關命於一個月內辦理，屆期仍不辦理而無正當理由者，得由該機關逕行註銷其登記或註冊，並註銷其遊艇證書及船舶登記證書。

第70條

遊艇不得經營客、貨運送、漁業，或供娛樂以外之用途。但得從事非漁業目的之釣魚活動。

自用或非中華民國遊艇，不得作為非自用遊艇使用。但非中華民國遊艇符合下列條件，並經主管機關核准者，不在此限：

一、第五條第二項第三款所定公司，承租全長十八公尺以上非中華民國遊艇。

二、依主管機關所定保險金額，投保責任保險。

三、檢附行政規費繳納收據及外國政府出具之適航證明文件。

遊艇活動未涉及入出境者，於出海前填具相關船舶、航行及人員等資訊，向出海港之海岸巡防機關以電子郵件、傳真或現場等方式報備，其相關表格、程序由海岸巡防機關定之。

遊艇入出國境涉及關務、入出境、檢疫、安全檢查程序及特許之辦法，由主管機關定之。

第71條

遊艇所有人應依主管機關所定保險金額，投保責任保險，未投保者，不得出港。

遊艇之檢查、丈量、設備、限載乘員人數、投保金額、適航水域、遊艇證書、註冊、相關規費之收取及其他應遵行事項之規則，由主管機關定之。

各級商港、漁港、海岸、河川轄管機關，應於轄區適當地點設置遊艇停泊及遊艇拖吊升降區域，並依相關法令規劃建設及管理。

第72條

自用遊艇，除本章、第一章、第十五條之一第二項、第二十七條第一項、第二十八條、第二十八條之一、第二十八條之二第一項、第二十八條之三第一項、第二十九條第一項、第三十條第一項、第三十二條、第四十條第一項、第四十一條第一項與第二項前段、第八十四條第一項、第八十九條第一項、

第九十一條、第九十二條第一項與第三項、第九十三條至第九十五條、第九十七條第一項第一款與第三項及第九十九條至第一百零二條規定外，不適用本法規定。

非自用遊艇，除本章、第一章、第十五條之一第二項、第二十七條第一項、第二十八條、第二十八條之一、第二十八條之二第一項、第二十八條之三第一項、第二十九條第一項、第三十條第一項、第三十二條、第四十條第一項、第四十一條第一項與第二項前段、第五章、第八十四條第一項、第八十九條第一項、第九十一條、第九十二條第一項與第三項、第九十三條至第九十五條、第九十七條第一項第一款與第三項及第九十九條至第一百零二條規定外，不適用本法規定。

自用遊艇及非自用遊艇準用第二十八條之二第二項規定，並應將遊艇證書繳回航政機關。

第八章　小　船

第73條

小船之檢查、丈量，由小船所在地航政機關辦理；其註冊、給照，由小船註冊地航政機關辦理；非經領有航政機關核發之小船執照，不得航行。

主管機關因業務需要，得將小船檢查、丈量業務，委託驗船機構或領有執照之合格造船技師辦理。

造船技師為小船之設計者，應迴避檢查、丈量同一艘小船；未迴避委託檢查、丈量者，除應終止委託外，其檢查、丈量結果無效。

第一項由航政機關辦理之規定，其施行日期，由行政院定之。

第74條

小船之檢查，分特別檢查、定期檢查及臨時檢查。

小船符合下列規定者，始得航行：

一、檢查合格。

二、載客人數未逾航政機關依第八十一條規定核定之定額。

三、依規定將設備整理完妥。

第75條

小船有下列情形之一者，其所有人應申請施行特別檢查：

一、新船建造。

二、自國外輸入。

三、船身經修改或換裝推進機器。

四、變更使用目的或型式。

五、特別檢查有效期間屆滿。

小船經特別檢查合格後，航政機關應核發或換發小船執照。

第76條

小船有前條第一項第一款或第二款情形，應申請丈量；經丈量之小船，因船身修改致船體容量變更者，應重行申請丈量。

第77條

新建造或自國外輸入之小船，經特別檢查合格及丈量後，所有人應檢附檢查丈量證明文件，向航政機關申請註冊、給照。

量產製造之小船，經主管機關委託之驗船機構辦理小船製造工廠認可、型式認可及產品認可者，小船所在地航政機關得不經特別檢查，逕依該驗船機構簽發之出廠檢驗合格證明註冊，並發給執照。

第78條

小船自特別檢查合格之日起，其所有人應依下列時限，申請施行定期檢查：

一、載客動力小船：應於每屆滿一年之前後三個月內。

二、非載客動力小船：應於每屆滿二年之前後三個月內。

三、非動力小船：應於每屆滿三年之前後三個月內。

四、載運引水人、提供研究或訓練使用之小船：每屆滿一年之前後三個月內。

小船經定期檢查合格後，航政機關應於小船執照簽署。

小船經依第二十七條第一項規定臨時檢查合格後，航政機關應於小船執照註明。

第79條

小船所有人申請檢查、丈量，航政機關應派員前往就地實施或通知至指定港口辦理。

第80條

供載運客貨之小船，應勘劃最高吃水尺度，標明於船身舯部兩舷外板上。但

因設計、構造、型式、用途或性能特殊,未能勘劃,經航政機關核准者,不在此限。

小船經勘劃有最高吃水尺度者,航行時,其載重不得超過該尺度。

第81條

小船所有人應申請航政機關檢查核定乘客定額及適航水域,並註記於小船執照後,始得載運乘客。

載客小船船齡超過二十年者,自本法中華民國一百零七年十一月六日修正之條文施行日起一年後之第一次特別檢查起,應具備造船技師簽證有效期限不超過二年之船況評估方案報告。

第82條

小船,除本章、第一章、第十五條之一、第二十七條第一項、第二十八條、第二十八條之一第一項與第三項、第二十八條之二第一項、第二十八條之三、第四十條第一項、第四十一條第一項與第二項前段、第八十九條第一項、第九十條、第九十二條第一項與第三項、第九十三條、第九十四條、第九十七條第一項第一款及第九十八條至第一百零二條規定外,不適用本法之規定。

小船準用第二十八條之二第二項規定,並應將小船執照繳回航政機關。

載客小船準用第三十四條之一規定。

第83條

小船之乘客定額、應急準備、註冊、小船執照之核發、換(補)發、註銷或繳銷、規費之收取及其他應遵行事項之規則,由主管機關定之。

小船船體、主機、副機與舵軸系、電機設備、排水設備、舵機、錨機與繫泊設備、救生設備、消防設備與防火措施、起居與逃生設備、航海用具與其他附屬用具之檢查、丈量、檢查費與丈量費之收取及其他應遵行事項之規則,由主管機關定之。

第九章　驗船機構及驗船師

第84條

主管機關因業務需要,得委託驗船機構辦理下列事項:

一、船舶檢查、丈量及證書之發給。

二、各項國際公約規定之船舶檢驗及證書之發給。

三、船舶載重線之勘劃、查驗及證書之發給。

驗船機構受委託執行前項業務時，應僱用驗船師主持並簽證。

第85條

中華民國國民經驗船師考試及格，向航政機關申請發給執業證書，始得執業。

驗船師執業期間，不得同時從事公民營船舶運送業、船務代理業或造船廠等與驗船師職責有關之工作。

第86條

驗船師執業證書有效期間五年；領有該執業證書之驗船師，應於執業執照有效期間屆滿一個月前，檢具原領執業證書及服務經歷證明文件，申請換發執業證書。

第87條

有下列各款情形之一者，不得為驗船師；其已充任驗船師者，撤銷或廢止其驗船師執業證書：

一、犯內亂、外患罪，經判決確定。

二、因業務上有關之犯罪行為，受一年有期徒刑以上刑之判決確定，而未宣告緩刑。

三、依考試法規定，經撤銷或廢止考試及格資格。

四、受監護或輔助之宣告，尚未撤銷。

五、受破產之宣告，尚未復權。

第88條

驗船師執業證書之核發、換（補）發、廢止、撤銷或繳銷、規費之收取及其他應遵行事項之辦法，由主管機關定之。

第十章　罰　則

第89條

違反第八條規定者，由航政機關處船舶所有人、船長、遊艇駕駛或小船駕駛新臺幣三萬元以上三十萬元以下罰鍰，並得命其立即離港。

違反第三十條之一第一項規定者，其船舶禁止航行。違規航行者，得由航政

機關處承擔安全營運與防止污染管理責任之機構負責人或船舶所有人新臺幣三萬元以上十五萬元以下罰鍰。

第90條

船舶違反第二十八條之三第二項規定者，由航政機關處船舶所有人、船長或小船駕駛新臺幣一萬五千元以上十五萬元以下罰鍰，並命其禁止航行及限期改善；改善完成後，始得放行。

違反第五十二條第三項或第七十四條第二項第二款規定者，由航政機關處客船所有人、載客小船所有人、船長或小船駕駛新臺幣一萬五千元以上十五萬元以下罰鍰，並命其禁止航行及限期改善；改善完成後，始得放行。

違反第三十四條之一第一項規定，攜帶或託運危險品進入有載運乘客之客船者，處新臺幣二萬元以上十萬元以下罰鍰。

第91條

違反第五十九條第二項第二款、第七十條第一項或第二項規定者，由航政機關處遊艇所有人或遊艇駕駛新臺幣一萬五千元以上十五萬元以下罰鍰，並命其禁止航行及限期改善；改善完成後，始得放行。

違反第六十六條第一項至第三項規定者，由航政機關處遊艇所有人新臺幣三千元以上三萬元以下罰鍰，並命其禁止航行及限期改善；改善完成後，始得放行。

第92條

違反第十五條第一項、第二十五條、第二十六條第一項、第二十七條第一項、第三十條、第三十九條、第四十二條前段、第五十三條第二項規定者，由航政機關處船舶所有人新臺幣六千元以上六萬元以下罰鍰，並命其禁止航行及限期改善；改善完成後，始得放行。

違反第二十三條第三項、第三十七條前段、第四十九條、第五十二條第一項、第五十三條第三項或第五十七條前段規定者，由航政機關處船舶所有人或船長新臺幣六千元以上六萬元以下罰鍰，並命其禁止航行及限期改善；改善完成後，始得放行。

船舶所有人、船長、遊艇駕駛或小船駕駛拒絕航政機關依第二十八條之三第一項規定對船舶施行抽查，處新臺幣六千元以上六萬元以下罰鍰；經航政機關抽查有適航性疑義時，並命其禁止航行及限期改善；改善完成後，始得放

行。

第93條

違反第九條規定者，由航政機關處船舶所有人、船長、遊艇駕駛或小船駕駛新臺幣六千元以上六萬元以下罰鍰，並得命其限期改善。

違反第十一條第一項或第二項規定者，由航政機關處船舶所有人新臺幣六千元以上六萬元以下罰鍰，並得命其限期改善。

第94條

違反第六條、第七條或停止航行命令者，由航政機關處船舶所有人、船長、遊艇駕駛或小船駕駛新臺幣六千元以上六萬元以下罰鍰，並得命其限期改善。

未依第二十條第二項規定或違反第十一條第三項所定期限申請船舶變更登記或註冊，或換發船舶相關證書，由航政機關處船舶所有人新臺幣六千元以上六萬元以下罰鍰。

第95條

違反第六十一條第一項、第六十二條、第六十五條第一項、第二項、第六十七條第一項或第六十八條規定者，由航政機關處遊艇所有人新臺幣六千元以上六萬元以下罰鍰。

第96條

驗船師違反第八十五條或第八十六條規定者，由航政機關處新臺幣六千元以上六萬元以下罰鍰。

第97條

有下列情形之一者，由航政機關處船舶所有人新臺幣三千元以上三萬元以下罰鍰：

一、違反第十條第一項至第三項或第十四條規定而未申請變更、註冊。

二、違反第十七條規定，未於領得臨時船舶國籍證書之日起三個月內為船舶所有權登記。

違反第十八條規定，未於領得臨時船舶國籍證書之日起三個月內申請換發或補發船舶國籍證書，由航政機關處船舶所有人或船長新臺幣三千元以上三萬元以下罰鍰。

違反第五十九條第二項第一款或第三款規定由航政機關處遊艇所有人或遊艇駕駛新臺幣三千元以上三萬元以下罰鍰。

第98條

有下列情形之一者，由航政機關處小船所有人或小船駕駛新臺幣三千元以上三萬元以下罰鍰：

一、違反第七十三條第一項後段規定，未經領有航政機關核發之小船執照而航行。

二、違反第七十四條第二項第一款、第三款或第八十條第二項規定。

違反第七十五條第一項、第七十六條、第七十七條第一項、第七十八條第一項或第八十一條規定由航政機關處小船所有人新臺幣三千元以上三萬元以下罰鍰。

第99條

同一船舶所有人、船長、遊艇駕駛或小船駕駛在一年內，有第九十條至第九十二條、第九十四條、第九十五條、第九十七條或第九十八條所列同一行為，經航政機關處分二次以上者，得併予該船七日以上一個月以下之停航處分。

第100條

本法關於船長或駕駛之規定，於代理船長、駕駛或執行其職務者準用之。

代理船長、駕駛或執行其職務者，違反前項準用規定者，依第八十九條至第九十四條、第九十八條或第九十九條規定處罰。

本法關於船舶所有人於第八條、第二十八條之三、第三十條之一、第三十四條之一、第五十二條第三項、第五十九條第二項、第七十條、第七十四條第二項規定，於船舶租用人準用之。

船舶租用人違反前項準用規定者，依第八十九條、第九十條、第九十一條第一項、第九十七條、第九十八條或第九十九條規定處罰。

第十一章　附　則

第101條

其他有關船舶技術與管理規則或辦法，主管機關得參照有關國際公約或協定及其附約所訂標準、建議、辦法或程式，予以採用，並發布施行。

第101條之1

海難事故行政調查由航政機關辦理，並得依職權或當事人之申請辦理海事

評議。

前項調查人員，於出示證件後，得登臨船舶進行調查或鑑定、訪談相關人員或要求提供調查所需之文書或物品，受訪者應據實陳述，無正當理由不得規避、妨礙或拒絕。

第一項調查未完成前，航政機關得管制船舶出港或函請內政部移民署限制船上人員出境。航政機關應同時以書面敘明理由並附記救濟程序通知當事人，依法送達。

經管制出港之船舶及限制出境之船上人員，航政機關應於完成調查後，即解除出港管制或函請內政部移民署解除其出境限制。

航政機關為辦理海事評議，得設置海事評議小組，其任務包括船舶沉沒、碰撞、觸礁或其他意外事故等重大海事案件之評議。

前項海事評議小組之組成、調查程序、評議方式、收費及其他應遵行事項之規則由主管機關定之。

第102條

本法除另定施行日期者外，自公布日施行。

附錄三　船員法

民國110年4月28日總統令修正公布。

第一章　總　則

第1條

為保障船員權益，維護船員身心健康，加強船員培訓及調和勞雇關係，促進航業發展；並加強遊艇駕駛與動力小船駕駛之培訓及管理，以推動遊艇活動發展，特制定本法。

第2條

本法用詞，定義如下：

一、船舶：指在水面或水中供航行之船舶。

二、遊艇：指專供娛樂，不以從事客、貨運送或漁業為目的，以機械為主動力或輔助動力之船舶。

三、動力小船：指裝有機械用以航行，且總噸位未滿二十之動力船舶。

四、雇用人：指船舶所有權人及其他有權僱用船員之人。

五、船員：指船長及海員。

六、船長：指受雇用人僱用，主管船舶一切事務之人員。

七、海員：指受雇用人僱用，由船長指揮服務於船舶上之人員。

八、甲級船員：指持有主管機關核發適任證書之航行員、輪機員、船舶電信人員及其他經主管機關認可之船員。

九、乙級船員：指甲級船員以外經主管機關認可之船員。

十、實習生：指上船實習甲級船員職務之人員。

十一、見習生：指上船見習乙級船員職務之人員。

十二、薪資：指船員於正常工作時間內所獲得之報酬。

十三、津貼：指船員薪資以外之航行補貼、固定加班費及其他名義之經常性給付。

十四、薪津：包括薪資及津貼，薪資應占薪津總數額百分之五十以上。

十五、特別獎金：包括特別工作而獲得之報酬、非固定加班費、年終獎金及因雇用人營運上獲利而發給之獎金。

十六、平均薪資：指船員在船最後三個月薪資總額除以三所得之數額；工作未滿三個月者，以工作期間所得薪資總額除以工作期間總日數，乘以三十所得之數額。

十七、平均薪津：指船員在船最後三個月薪資及津貼總額除以三所得之數額；工作未滿三個月者，以工作期間所得薪資及津貼總額除以工作期間總日數，乘以三十所得之數額。

十八、遊艇駕駛：指駕駛遊艇之人員。

十九、動力小船駕駛：指駕駛動力小船之人員。

二十、助手：指隨船協助遊艇或動力小船駕駛處理相關事務之人員。

第3條

下列船舶之船員，除有關航行安全及海難處理外，不適用本法之規定：

一、軍事建制之艦艇。

二、海岸巡防機關之艦艇。

三、漁船。

前項各款外專用於公務用船舶之船員，除有關船員之資格、執業與培訓、航行安全及海難處理外，不適用本法之規定。

第4條

本法之主管機關為交通部，其業務由航政機關辦理。

第二章　船員之資格、執業與培訓

第5條

船員應年滿十六歲。

船長應為中華民國國民。

第6條

船員資格應符合航海人員訓練、發證及當值標準國際公約與其他各項國際公約規定，並經航海人員考試及格或船員訓練檢覈合格。外國人申請在中華民國籍船舶擔任船員之資格，亦同。

前項船員訓練、檢覈、證書核發之申請、廢止、外國人之受訓人數比率與其

他相關事項辦法，由主管機關定之。

違反槍砲彈藥刀械管制條例、懲治走私條例或毒品危害防制條例之罪，經判決有期徒刑六個月以上確定者，不得擔任船員。

第7條

具有前條資格者，應向航政機關提出申請，並經主管機關核發適任證書，始得執業。

第8條

船員應經體格檢查合格，並依規定領有船員服務手冊，始得在船上服務。

已在船上服務之船員，應接受定期健康檢查；經檢查不合格或拒不接受檢查者，不得在船上服務。

前項船員健康檢查費用，由雇用人負擔。

船員體格檢查及健康檢查，應由符合規定條件之醫療機構或本事業單位所設置醫療單位爲之；其檢查紀錄應予保存。

船員體格檢查、健康檢查及醫療機構應符合之條件等相關事項之辦法，由主管機關會同中央勞動及衛生福利主管機關定之。

第9條

主管機關爲培育船員，應商請教育部設置或調整海事校院及其有關系科。

航政機關應協助安排海事校院學生上船實習，船舶所有權人及其他有權僱用船員之人無正當理由不得拒絕。

第10條

航政機關爲培養海運技術人才，提高船員工作技能，促進國民就業，應設立船員職業訓練中心或輔導設立相關專業機構，並得自行或委託相關專業機構，辦理船員之職前及在職進修之訓練。

前項訓練所需經費，除由航政機關編列預算支應外，得由船員或雇用人支付。

第10條之1

前條第一項專業機構辦理船員訓練之計畫書、學員與教師資格、訓練課程、設施與費用、證照費收取、訓練管理業務及其他相關事項之規則，由主管機關定之。

航政機關得派員督導專業機構辦理船員訓練業務，專業機構不得規避、妨礙

或拒絕。

第11條

　　船員依規定參加航政機關辦理之訓練或船員執業資格考試時，雇用人應作適當之配合。

第三章　船員僱用

第12條

　　雇用人僱用船員，應簽訂書面僱傭契約，送請航政機關備查後，受僱船員始得在船上服務。僱傭契約終止時，亦同。

第13條

　　雇用人僱用船員僱傭契約範本，由航政機關定之。

第14條

　　雇用人僱用未成年之船員，應得法定代理人之書面允許。

第15條

　　雇用人應於船上備置有關法令規章、必要之藥品及醫療設備。

　　前項備置標準，由主管機關定之。

第16條

　　雇用人應提供質量適當之食物、臥室、寢具、餐具及工作護具與適應天候之工作服、工作帽與工作鞋等。

第17條

　　雇用人應訂定船員工作守則，報請航政機關備查。

　　船員應遵守雇用人在其業務監督範圍內所為之指示。

第18條

　　上級船員就其監督範圍內所發命令，下級船員有服從之義務。但有意見時，得陳述之。

　　船員非經許可，不得擅自離船。

第19條

　　船舶沈沒、失蹤或完全失去安全航行能力者，僱傭契約即告終止。但船員生還者，不在此限。

　　船員因施救船舶、人命或貨物之緊急措施必須工作者，其工作期間僱傭契約

繼續有效。

第一項船員生還者，雇用人已無他船或職位可供船員繼續工作時，得終止僱傭契約並依第三十九條之規定發給資遣費。

船舶於二個月內無存在消息者，以失蹤論。

第20條

船員有下列情事之一者，雇用人得終止僱傭契約：

一、訂立僱傭契約時，為虛偽意思表示，使雇用人誤信而有損害之虞。

二、對於雇用人、雇用人之代理人、其他共同工作人或以上人員之家屬，實施暴行或有重大侮辱、恐嚇行為。

三、受有期徒刑以上刑之宣告確定，而未諭知緩刑或易科罰金。

四、違反僱傭契約或船員工作守則，情節重大。

五、故意損毀或竊取船舶設備、屬具或貨物。

六、無正當理由不遵守雇用人或船長之指示上船。

雇用人依前項規定終止僱傭契約時，應以書面通知船員。

雇用人依第一項第一款、第二款及第四款至第六款規定終止僱傭契約者，應自知悉其情形之日起，三十日內為之。

第21條

有下列情事之一者，船員得終止僱傭契約：

一、船舶喪失國籍。

二、訂定僱傭契約時，雇用人為虛偽意思表示，使船員誤信而有受損害之虞。

三、船員因身心狀況違常，經醫師出具不適宜繼續工作之診斷書。

四、雇用人、雇用人之代理人或以上人員之家屬對船員實施暴行或有重大侮辱、恐嚇行為。

五、工作環境對船員健康有危害之虞，經通知改善而無效果。

六、雇用人或其代理人違反契約或法令，致有損害船員權益之虞。

七、雇用人不依契約給付薪津。

八、船上其他共同工作人患有法定傳染病，有傳染之虞。

第22條

非有下列情形之一者，雇用人不得預告終止僱傭契約：

一、歇業或轉讓時。

二、虧損或業務緊縮時。

三、不可抗力暫停工作在一個月以上時。

四、業務性質變更，有減少船員之必要，又無適當工作可供安置時。

五、對於所擔任之工作確不能勝任時。

雇用人依前項規定終止僱傭契約，其預告期間依下列各款之規定：

一、繼續工作三個月以上一年未滿者，於十日前預告之。

二、繼續工作一年以上三年未滿者，於二十日前預告之。

三、繼續工作三年以上者，於三十日前預告之。

船員在產假期間或執行職務致傷病之醫療期間，雇用人不得終止僱傭契約。但雇用人因天災、事變、不可抗力致事業不能繼續或船舶沈沒、失蹤或已完全失去安全航行之能力時，不在此限。

雇用人未依第二項規定期間預告而終止契約者，應給付預告期間之薪資。

不定期僱傭契約之船員終止僱傭契約時，應準用第二項規定預告雇用人或船長。定期僱傭契約之船員終止僱傭契約時，應在一個月前預告雇用人或船長。

雇用人經徵得船員同意，於雇用人所屬船舶間調動，另立新約前，原僱傭契約仍繼續有效。

第23條

定期僱傭契約，其期限於航行中屆滿者，以船舶到達第一港後經過四十八小時為終止。

第24條

僱傭契約因故停止履行後，繼續履行原約或定期僱傭契約屆滿後，未滿三個月又另訂定新約時，船員前後工作年資應合併計算。船員工作年資之計算應包括船員在同船舶或同一公司法人所屬或經營之不同船舶之工作年資。但曾因僱傭契約終止領取辭退金或退休金者，不在此限。

第25條

外國雇用人僱用中華民國船員，應向航政機關申請，經審核許可，始得僱用；其申請資格與程序、許可條件、廢止、職責、僱用、僱傭管理及其他相關事項之辦法，由主管機關定之。

第25條之1

雇用人僱用外國籍船員，應向航政機關申請許可，始得僱用；其申請資格與程序、許可條件、廢止、職責、僱用、僱傭管理、受僱人數比率及其他相關事項規則，由主管機關定之。

第25條之2

甲級船員、乙級船員、實習生、見習生及外國籍實習生上船服務，應向航政機關申請許可；其申請資格與程序、許可之廢止、僱用、職責、外國籍實習生之實習人數比率、航行應遵守事項管理及其他相關事項規則，由主管機關定之。

第四章　勞動條件與福利

第26條

船員之報酬包含薪津及特別獎金。

雇用人不得預扣船員報酬作為賠償費用。

第27條

船員之薪資、岸薪及加班費之最低標準，由主管機關定之。

前項最低薪資不得低於勞動基準法所定之基本工資。

第28條

船員在午後八時至翌晨六時之時間內工作，雇用人應提供必要之夜間安全防護措施。

雇用人不得使未滿十八歲之船員於前項時間內工作。

第29條

雇用人僱用懷孕中或分娩後未滿八週之女性船員在船工作，應參採醫師綜合評估其體格檢查結果之建議，並提供必要之母性健康保護措施。

女性船員在船舶航行中判明懷孕，應由雇用人提供必要之母性健康保護措施後，從事較輕便及對航行安全有必要之工作；雇用人不得減少其原本得領受之各項報酬。

第30條（刪除）

第31條

雇用人不得使未滿十八歲之船員從事有危險性或有害性之工作。

雇用人使有下列情形之一之女性船員，從事有危險性或有害性之工作，應經醫師適性評估建議，並提供必要之健康及安全防護措施：

一、懷孕中。

二、分娩後一年以內。

前項危險性或有害性工作之認定標準，由主管機關定之。

雇用人應將女性船員因懷孕、分娩或其他因素自行離開職場之人數及比率等相關統計資料，按月報請航政機關備查。

第32條

船員正常工作時間，以每週工作總時數四十四小時為準。但因航行需要參加航行當值輪班者，不在此限。

船員每週工作總時數超過四十四小時者視為加班，雇用人應給予加班費。

第33條

船員每七日中至少應有一日之休息，作為例假。但因航行需要仍應參加航行當值輪班者，不在此限。

前項但書情形，雇用人應另行安排輪休。

第34條

國定假日及航海節因航行需要，船長得安排船員參加航行當值輪班、進出港、餐勤等必要工作。但雇用人應按平日薪資發給假日加班費。

第35條

基於航行需要延長工作時間，船員應於加班前先填寫加班申請單，經船長或部門主管簽認後施行。

第36條

僱傭契約得約定船員之加班費數額按照船之平日每小時薪資標準計算，列為固定加班費發給船員。但計算時數，每月至少應等於八十五工作小時。

第37條

船員在船上服務滿一年，雇用人應給予有給年休三十天。未滿一年者，按其服務月數比例計之。

雇用人經徵得船員同意於有給年休日工作者，應加發一日薪津。有給年休因年度終結或終止契約而未休者，其應休未休之日數，雇用人應發給薪津。

第38條

船員於簽訂僱傭契約後，在岸上等候派船期間，雇用人應發給相當於薪資之報酬。

雇用人選派船員參加訓練或考試期間，應支給相當於薪資之報酬。

第39條

雇用人依第二十二條第一項、第三項但書或非可歸責於船員之事由終止僱傭契約時，應依下列規定發給資遣費。但經船員同意在原雇用人所屬船舶間調動時，不在此限：

一、按月給付報酬者，加給平均薪資三個月。

二、按航次給付報酬者，發給報酬全額。

三、船員在同一雇用人所屬船舶繼續工作滿三年者，除依第一款規定給付外，自第四年起每逾一年另加給平均薪資一個月，不足一年部分，比例計給之，未滿一個月者，以一個月計。

第40條

船員於受僱地以外，其僱傭契約終止時，不論任何原因，雇用人及船長有護送回僱傭地之義務；其因受傷或患病而上岸者，亦同。

前項護送回僱傭地之義務，包括運送、居住、食物及其他必要費用之負擔。

船員因個人事由被護送回僱傭地時，雇用人得要求其負擔前項之費用。

第41條

船員於服務期間內受傷或患病者，由雇用人負擔醫療費用。但因酗酒、重大過失或不守紀律所致之非職業傷病者，不在此限。

第42條

船員非因執行職務而受傷或患病已逾十六週者，雇用人得停止醫療費用之負擔。

第43條

雇用人負擔醫療費用之期間內，仍應支給原薪津。

第44條

船員因執行職務而受傷或患病，雖已痊癒而成失能或逾二年仍未痊癒者，經符合規定條件之醫療機構診斷，審定其遺存障害者，雇用人應按其平均薪資及失能程度，一次給與失能補償；失能補償給付標準，依勞工保險條例有關

之規定。

船員之遺存障害等級，經指定醫師評定爲百分之五十或以上，且符合勞工保險條例失能等級第七級以上或第十一級以上，並證明永久不適任船上任何職位者，應按最高等級給與失能補助金。

第45條

船員在服務期間非因執行職務死亡或非因執行職務受傷、患病而死亡時，雇用人應一次給與其遺屬平均薪津二十個月之死亡補償。

第46條

船員因執行職務死亡或因執行職務受傷、患病死亡時，雇用人應一次給與其遺屬平均薪津四十個月之死亡補償。

船舶沈沒或失蹤致船員失蹤時，雇用人應按前項規定給與其遺屬死亡補償。

第47條

船員遺屬受領死亡補償之順位如下：

一、配偶及子女。

二、父母。

三、祖父母。

四、孫子女。

五、兄弟姐妹。

第48條

船員在服務期間死亡者，雇用人應給與平均薪資六個月之喪葬費。

第49條

船長在服務期間受傷、患病或死亡，推定其爲執行職務所致。但因其重大過失或不守紀律受傷、患病或死亡者，不適用之。

第50條

第四十一條醫療費用、第四十四條失能補償、第四十五條及第四十六條死亡補償及第四十八條喪葬費，其請求權自得請領之日起，因二年間不行使而消滅。

前項請求權不因船員之離職而受影響，且不得讓與、抵銷、抵充、扣押或擔保。

雇用人依第四十六條及第四十八條規定給與船員遺屬之死亡補償及喪葬費，

死亡補償應自請領之日起算十五日內，喪葬費應自請領之日起算三日內給付。

第51條

船員有下列情形之一者，得申請退休：

一、在船服務年資十年以上，年滿五十五歲。

二、在船服務年資二十年以上。

船員有下列情形之一者，雇用人得強迫退休：

一、年滿六十五歲。

二、受監護、輔助宣告。

三、依勞工保險條例所認定失能等級，達到永久不適任船上任何職位。

年滿六十五歲船員，合於船員體格檢查標準，得受僱之。

本法施行前之船員工作年資，其退休金給與標準，依本法施行前之海商法規定計算。

第52條

為保障船員生活之安定與安全，雇用人應為所雇用之船員及儲備船員投保勞工保險及全民健康保險。

第53條

為保障船員退休權益，本國籍船員之退休金事項，適用勞工退休金條例之退休金制度。但依勞工退休金條例第九條規定，未選擇適用勞工退休金條例之退休金制度者，不在此限。

前項但書人員之退休金給與基準，其屬本法施行前之工作年資，依第五十一條第四項規定計算，其屬本法施行後之工作年資，依勞動基準法第五十五條規定計算。

船員適用勞工退休金條例之退休金制度後仍受僱於同一雇用人者，其適用前之工作年資，應予保留；其退休金給與基準，屬本法施行前之工作年資，依第五十一條第四項規定計算，屬本法施行後，勞工退休金條例施行前之工作年資，依勞動基準法第五十五條規定計算。

雇用人應依勞動基準法第五十六條規定，為前二項船員提撥勞工退休準備金。

船員適用勞工退休金條例之退休金制度者，其資遣費仍依第三十九條及第

五十四條規定發給。

船員受僱於同一雇用人從事岸上工作之年資，應併計作爲退休要件，並各依最後在船、在岸之勞動基準法第二條所定平均工資計算退休金。

船員請領退休金之權利，自退休之次月起，因五年間不行使而消滅。

第54條

依本法給與之資遣費、加班費、失能補償、死亡補償、傷病治療期間支給之薪津、喪葬費低於勞動基準法所定資遣費、延長工作時間之工資、職業災害補償之給付金額時，依勞動基準法所定標準支給。

第55條

雇用人依本法應支付之醫療費用、失能補償、死亡補償及喪葬費，應投保責任保險。

第56條

雇用人依據職工福利金條例辦理職工福利事業時，所雇用之船員與儲備船員應予以納入。

第57條

航政機關得在適當港口輔導設置包括船員福利、文化、娛樂和資訊設備之船員福利設施。

第五章　船　長

第58條

船舶之指揮，由船長負責；船長爲執行職務，有命令與管理在船海員及在船上其他人員之權。

船長爲維護船舶安全，保障他人生命或身體，對於船上可能發生之危害，得爲必要處置。

第59條

船長在航行中，爲維持船上治安及保障國家法益，得爲緊急處分。

第60條

船長在船舶上應置備船舶文書及有關載客載貨之各項文件。

航政機關依法查閱前項船舶文書及文件時，船長應即送驗。

第61條

船長於船舶發航前及發航時，應依規定檢查船舶及完成航海準備。

第62條

船長非因事變或不可抗力，不得變更船舶預定航程。

第63條

船長除有必要外，不得開艙或卸載貨物。

第64條

船長在航行中，其僱用期限已屆滿，不得自行解除或中止其職務。

第65條

在船人員死亡或失蹤時，其遺留於船上之財物，船長應以最有利於繼承人之方法處置之。

第66條

船長遇船舶沈沒、擱淺、碰撞、強迫停泊或其他意外事故及有關船舶貨載、海員或旅客之非常事變時，應作成海事報告，載明實在情況，檢送航政機關。

前項海事報告，應有海員或旅客之證明，始生效力。但其報告係船長於遭難獨身脫險後作成者，不在此限。

第67條

船長對於執行職務中之過失，應負責任；如主張無過失時，應負舉證之責任。

第68條

船舶在航行中，船長死亡或因故不能執行職務而未有繼任人時，應由從事駕駛之海員中職位最高之一人代理執行其職務。

第六章　航行安全與海難處理

第69條

船員不得利用船舶私運貨物，如私運之貨物為違禁品或有致船舶、人員或貨載受害之虞者，船長或雇用人得將貨物投棄。

船員攜帶武器、爆炸物或其他危險物品上船，船長或雇用人有權處置或投棄。

前二項處置或投棄，應選擇對海域污染最少之方式及地點爲之。

第70條

當值船員，應遵守航行避碰規定，並依規定鳴放音響或懸示信號。

第70條之1

爲維護船舶及航行安全，雇用人應依規定配置足夠之合格船員，始得開航。

前項各航線、種類、大小之航行船舶船員最低安全配置標準，由主管機關定之。

第71條

船長於本航次航路上發現油污損害、新生沙灘、暗礁、重大氣象變化或其他事故有礙航行者，應報告航政機關。

第72條

船舶發生海難或其他意外事故，船長應立即採取防止危險之緊急措施，並應以優先方法報告航政機關，以便施救。

船舶因海難或其他意外事故致擱淺、沈沒或故障時，船長除應依前項規定處理外，並應防止油污排洩，避免海岸及水域遭受油污損害。

第73條

船舶有急迫危險時，船長應盡力採取必要之措施，救助人命、船舶及貨載。

船長在航行中不論遇何危險，非經諮詢各重要海員之意見，不得放棄船舶。但船長有最後決定權。

放棄船舶時，船長應盡力將旅客、海員、船舶文書、郵件、金錢及貴重物救出。

船長違反第一項、第二項規定者，就自己所採措施負其責任。

第74條

船舶碰撞後，各碰撞船舶之船長於不甚危害其船舶、海員或旅客之範圍內，對於其他船舶、船員及旅客應盡力救助。

各該船長除有不可抗力之情形外，在未確知繼續救助爲無益前，應停留於發生災難之處所。

各該船長應於可能範圍內，將其船名、船籍港、開來及開往之港口通知他船舶。

第75條

船長於不甚危害船舶、海員、旅客之範圍內,對於淹沒或其他危難之人,應盡力救助。

第六章之一　遊艇與動力小船之駕駛及助手

第75條之1

遊艇及動力小船駕駛須年滿十八歲,其最高年齡,除本法另有規定者外,不受限制。

營業用動力小船駕駛之最高年齡不得超過六十五歲。但合於體格檢查標準且於最近一年內未有違反航行安全而受處分紀錄者,得延長至年滿六十八歲止。

助手須年滿十六歲,最高年齡不受限制。但營業用動力小船駕駛之年齡超過六十五歲者,其助手年齡不得超過六十五歲。

第75條之2

遊艇及動力小船駕駛應經體格檢查合格,並依規定領有駕駛執照,始得駕駛。

違反槍砲彈藥刀械管制條例、懲治走私條例或毒品危害防制條例之罪,經判決有期徒刑六個月以上確定者,不得擔任遊艇及動力小船駕駛。

第75條之3

遊艇及動力小船應配置合格駕駛及助手,始得航行。但船舶總噸位未滿五或總噸位五以上之乘客定額未滿十二人者,得不設助手。

第75條之4

申請辦理遊艇及動力小船駕駛訓練之機構,應擬具營運計畫書,向航政機關申請會勘合格後,報請主管機關許可籌設。

訓練機構應自許可籌設之日起六個月內完成籌設,並報請航政機關核轉主管機關許可營業,始得對外招生。

訓練機構經許可籌設後,因不可歸責於該機構之事由,而未能於六個月內籌設完成時,得於期限屆滿一個月前報請航政機關核轉主管機關准予展延一次,並以六個月為限;逾期廢止其籌設許可。

本法中華民國一百年一月十一日修正之條文施行前經主管機關許可辦理動力

小船駕駛訓練之機構,得繼續辦理各項動力小船駕駛訓練。

第75條之5

航政機關得派員檢查遊艇或動力小船駕駛訓練機構之各項人員、訓練、設備及督導其業務,並依據其提報之年度計畫等相關資料,辦理年度評鑑;訓練機構不得規避、妨礙或拒絕。

前項年度評鑑內容,應包括行政管理、師資、訓練用船艇、教室、訓練場地、教材、教具、收費情形、學術科上課情形及研究發展等事項。

訓練機構經年度評鑑不合格者,航政機關應命其限期改善後,辦理複評,複評未通過前,不得招生或訓練。

第75條之6

遊艇與動力小船駕駛之資格、體格檢查基準、訓練、測驗、駕駛執照之核發、證照費收取、安全配額,助手之體格檢查基準、安全配額,及駕駛訓練機構之籌設、許可之申請、廢止、開班、招生程序、訓練學員之資格、訓練課程、訓練設施、教師資格、訓練費用收取、退費、年度評鑑、訓練管理業務及其他相關事項之規則,由主管機關定之。

第75條之7

第六十九條、第七十條及第七十一條至第七十五條規定,於遊艇及動力小船駕駛,準用之。

第七章 罰 則

第76條

船長違反第七十三條第三項規定者,處七年以下有期徒刑。因而致人於死者,處三年以上十年以下有期徒刑。

第77條

船員違反本法規定之處罰如下:

一、警告。

二、記點。

三、降級:按其現任職級降低一級僱用,並須實際服務三個月至一年。

四、收回船員服務手冊:三個月至五年。

前項處罰,處警告三次相當記點一次;二年期間內記點三次者,收回船員服

務手冊三個月。

受收回船員服務手冊之處分時，其有適任證書者，並應收回其適任證書。

收回船員服務手冊期間，自船員繳交手冊之日起算。

第78條

船長違反第六十條至第六十五條、第六十六條第一項或第七十一條規定者，處警告或記點。

第79條

船員有下列情事之一者，處警告或記點：

一、違反第八條第一項或第十八條規定。

二、違反依第二十五條之二所定規則中有關上船服務應負職責、航行應遵守事項及管理之規定，情節較輕。

三、違反第六十九條第一項規定，利用船舶私運貨物，情節較輕。

四、違反第七十條規定，情節較輕。

五、發現船上有走私或未依規定完稅之貨物而不報告或舉發。

第80條

船員有下列情事之一者，處降級、收回船員服務手冊三個月至五年：

一、違反第二十五條之二所定規則中有關上船服務應負職責、航行應遵守事項及管理之規定，情節較重。

二、違反第六十九條第一項規定，利用船舶私運貨物，情節較重。

三、違反第七十條規定，情節較重。

四、違反第七十二條、第七十三條第一項、第二項、第七十四條或第七十五條規定。

五、擾亂船上秩序影響航行安全。

六、冒名頂替執行職務。

七、違反政府有關航行限制之法規。

八、故意破壞船舶、損毀或竊取船舶設備、屬具、貨物或使船舶沈沒。

九、有危及國家安全之行為。

十、私運槍械、彈藥、毒品或協助偷渡人口。

第81條

雇用人未依第十九條第三項或第三十九條規定發給資遣費者，處新臺幣九萬

元以下罰金。

第82條

雇用人違反第二十八條、第二十九條、第三十一條第一項或第二項規定者，處六月以下有期徒刑、拘役或科或併科新臺幣六萬元以下罰金。

第83條（刪除）

第84條

雇用人有下列情事之一者，處新臺幣六萬元以上三十萬元以下罰鍰，並得處有關船舶三十日以下之停航：

一、違反第八條第三項、第九條第二項、第十二條、第十四條、第十五條第一項、第十七條第一項、第二十二條第一項至第四項、第二十六條第二項、第三十二條、第三十三條、第三十四條但書、第三十七條、第三十八條、第四十條第一項或第二項、第四十一條至第四十五條、第五十條第三項或第七十條之一第一項規定。

二、有第二十一條第二款、第四款、第五款或第七款情事。

三、違反依第二十七條第一項所定最低標準。

四、擅自僱用不合格船員或不具船員資格人員執行職務。

五、包庇、唆使或以其他非正當方法使船員偷渡人口。

經許可僱用外國籍船員之雇用人有前項各款情事之一，情節重大者，廢止其僱用外國籍船員之許可。

第84條之1

雇用人僱用外國籍船員時，違反第二十五條之一所定規則中有關職責、僱用、許可之廢止或僱傭管理、受僱人數比率之規定者，依其情節輕重，停止申請僱用外國籍船員三個月至五年。

前項處分，於雇用人僱用外國籍實習生，違反第二十五條之二所定實習人數比率者，亦適用之。

第84條之2

遊艇或動力小船駕駛訓練機構有下列情形之一者，應命其限期改善，並得停止開班之全部或一部：

一、規避、妨礙或拒絕依第七十五條之五第一項所為之檢查或經檢查結果發現有缺失。

二、違反依第七十五條之六所定規則中有關開班、招生程序、訓練費用收取、退費或訓練管理業務之規定。

經依前項規定限期改善，屆期未改善，或未遵守前項停止開班之處分者，廢止其許可。

第一項所定停止開班期間，以六個月為限。

第84條之3

遊艇或動力小船駕駛有下列情形之一者，處警告或記點：

一、違反第七十五條之七準用第六十九條第一項規定，利用遊艇或動力小船私運貨物。

二、違反第七十五條之七準用第七十條或第七十一條規定。

三、駕駛執照期限屆滿，未換發駕駛執照，擅自開航。

前項處分，處警告三次相當記點一次；二年期間內記點三次者，收回其駕駛執照三個月。

第84條之4

遊艇或動力小船駕駛有下列情形之一者，收回其駕駛執照：

一、違反第七十五條之七準用第七十二條、第七十三條第一項或第二項、第七十四條或第七十五條規定，致造成人員傷亡或影響航行安全。

二、擾亂船上秩序影響航行安全。

三、私運槍械、彈藥、毒品或協助偷渡人口。

前項收回駕駛執照期間，自繳交執行之日起算三個月至五年。

第84條之5

遊艇或動力小船駕駛有下列情形之一者，處新臺幣六千元以上三萬元以下罰鍰，並當場禁止其駕駛：

一、違反第七十五條之二規定，未經體格檢查合格，並領有駕駛執照，而駕駛遊艇或動力小船。

二、未領有駕駛執照，教導他人學習駕駛遊艇或動力小船。

三、其他未依駕駛執照之持照條件規定駕駛遊艇或動力小船。

第84條之6

領有學習駕駛遊艇或動力小船執照，於學習駕駛時，未經持有遊艇或營業用動力小船駕駛執照之駕駛在旁指導監護者，處新臺幣六千元以上三萬元以下

罰鍰,並當場禁止其駕駛。

第84條之7

遊艇或動力小船所有人違反第七十五條之三規定擅自開航者,處新臺幣八千元以上四萬元以下罰鍰,並命其立即改善;未改善者,處違法船舶三十日以下之停航;一年內違反三次者,處違法船舶六個月以下之停航。

遊艇或動力小船所有人有包庇、唆使或以其他非正當方法使遊艇、動力小船駕駛或助手偷渡人口者,處新臺幣三萬元以上十五萬元以下罰鍰,並處違法船舶三十日以下之停航;一年內違反三次者,處違法船舶六個月以下之停航。

第84條之8

船員訓練專業機構有規避、妨礙或拒絕航政機關依第十條之一第二項所為之督導或經檢查結果發現有缺失者,應令其限期改善,並得停止開班之全部或一部。

經依前項規定限期改善,屆期未改善,或未遵行前項停止開班之處分者,停止其辦理訓練一年。

第一項所定停止開班期間,以六個月為限。

第85條

外國船舶運送業違反第二十五條規定者,處新臺幣六萬元以上三十萬元以下罰鍰,並得定期禁止在中華民國各港口入出港;其已僱用未經核准上船工作之中華民國船員應強制下船。

第86條(刪除)

第八章 附 則

第87條

船員隨船前往戰區,應依船員之意願,並簽同意書;其危險津貼、保險、傷害、失能及死亡給付,由勞僱有關組織協議,報經航政機關核定後實施。

船員隨船前往受海盜或非法武力威脅高風險海域,倘僱用人未依航業法規定僱用私人武裝保全人員,應告知船員並依其意願。

第88條（刪除）

第89條

本法未規定事項，涉及國際事務者，主管機關得參照有關國際公約或協定及其附約所訂規則、辦法、標準、建議或程式，採用發布施行。

第90條

本法所定之行政處罰，由航政機關為之。

第91條

主管機關或航政機關依本法受理申請許可、核發證照，應收取審查費、證照費；其收費標準，由主管機關定之。

第92條

本法施行細則，由主管機關定之。

第93條

本法自公布日施行。

本法中華民國九十八年六月十二日修正之條文，自九十八年十一月二十三日施行。

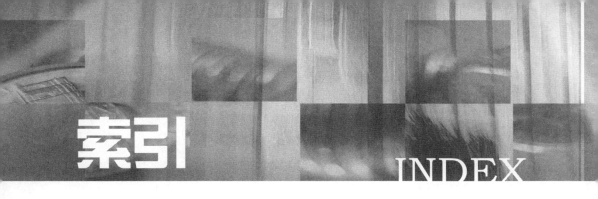

索引　INDEX

國家圖書館出版品預行編目資料

海商法——案例式／林洲富著. --初版. --臺北
市：五南圖書出版股份有限公司, 2021.11
面；　　公分.

ISBN 978-626-317-300-2(平裝)

1. 海商法

587.6　　　　　　　　　　110017375

1SB3

海商法——案例式

作　　　者 — 林洲富（134.2）

發 行 人 — 楊榮川

總 經 理 — 楊士清

總 編 輯 — 楊秀麗

副總編輯 — 劉靜芬

責任編輯 — 林佳瑩

封面設計 — 王麗娟

出 版 者 — 五南圖書出版股份有限公司

地　　　址：106台北市大安區和平東路二段339號4樓

電　　　話：(02)2705-5066　　傳　　　真：(02)2706-6100

網　　　址：https://www.wunan.com.tw

電子郵件：wunan@wunan.com.tw

劃撥帳號：01068953

戶　　　名：五南圖書出版股份有限公司

法律顧問　林勝安律師事務所　林勝安律師

出版日期　2021年11月初版一刷

定　　　價　新臺幣320元

五南
WU-NAN

全新官方臉書

五南讀書趣

WUNAN
Books
since1966

經典永恆・名著常在

五十週年的獻禮 —— 經典名著文庫

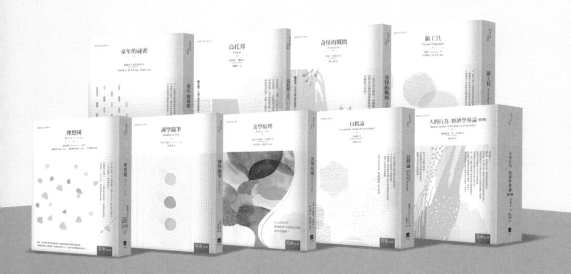

五南，五十年了，半個世紀，人生旅程的一大半，走過來了。
思索著，邁向百年的未來歷程，能為知識界、文化學術界作些什麼？
在速食文化的生態下，有什麼值得讓人雋永品味的？

歷代經典・當今名著，經過時間的洗禮，千錘百鍊，流傳至今，光芒耀人；
不僅使我們能領悟前人的智慧，同時也增深加廣我們思考的深度與視野。
我們決心投入巨資，有計畫的系統梳選，成立「經典名著文庫」，
希望收入古今中外思想性的、充滿睿智與獨見的經典、名著。
這是一項理想性的、永續性的巨大出版工程。
不在意讀者的眾寡，只考慮它的學術價值，力求完整展現先哲思想的軌跡；
為知識界開啟一片智慧之窗，營造一座百花綻放的世界文明公園，
任君遨遊、取菁吸蜜、嘉惠學子！